ARD Buffet

Jacqueline Amirfallah, Vincent Klink,
Rainer Strobel, Otto Koch

ARD Buffet

Unsere besten Küchenklassiker

vgs EGMONT

Bibliografische Information Der Deutschen Bibliothek
Die Deutsche Bibliothek verzeichnet diese Publikation in der Deutschen Nationalbibliografie; detaillierte bibliografische Daten sind im Internet über http://dnb.ddb.de abrufbar.

verlegt durch EGMONT Verlagsgesellschaften mbH,
Gertrudenstraße 30-36, Köln 2006
Mit freundlicher Genehmigung von SWR Media Services GmbH

Bildnachweis:
S. 9: SWR/Krause-Burberg; S. 13, 172: Stephan Wieland, Düsseldorf; S. 14 links, 78, 106, 131, 188, 192: Stefan Adam; S. 14 rechts, 22, 62, 63 oben, 107, 122, 152, 166, 170, 176, 177, 180, 187, 195: Food-Foto-Köln; S. 38, 40, 63 unten, 69, 71, 97, 105, 153, 189, 193: Cornelis Gollhardt, Köln/Stephan Wieland, Düsseldorf; S. 93: Maximilian Stock LTD/Stock Food; S. 202 oben, 203: SWR/Kluge; S. 202 unten: SWR/Schweigert.
Foodfotos S. 10/11, 17, 21, 27, 31, 36/37, 43, 49, 53, 59, 60/61, 67, 73, 77, 81, 84/85, 91, 99, 102/103, 111, 113, 115, 121, 125, 133, 137, 143, 150/151, 157, 161, 165, 171, 174/175, 179, 183, 191, 197: Food-Foto-Köln, Jürgen Holz, Christian Pompetzki. Foodstyling: Carsten Dorhs, Kordula Werner.
Videograbs: SWR

Redaktion: Alexandra Panz
Coverbild vorne: SWR / Krause-Burberg;
hinten: SWR / Kluge; Abb. Vincent Klink: SWR / Schweigert
Umschlaggestaltung, Layout und Satz: Metzgerei Strzelecki, Köln
Produktion: Susanne Beeh, Sarah Fritsche
Druck: Appl, Wemding
ISBN 978-3-8025-3566-6

www.vgs.de

Salate, Dressings & Vorspeisen

Suppen, Fonds & Eintöpfe

Fisch

Geflügel

Fleisch- und Wildgerichte

Nudeln, Kartoffeln & Reis

Desserts und Süssspeisen

Liebe Leserinnen und Leser!

Wann haben Sie eigentlich zum letzten Mal einen Fond selbst gekocht und nicht das Granulat aus dem Glas genommen? Wann die letzten Kartoffelknödel geformt – und zwar nicht aus Fertigpulver? Und Ihre letzte selbst gemachte Rote Grütze liegt sicher auch schon ein Weilchen zurück, oder?

Es ist schon seltsam: Zwar stößt man mittlerweile im Fernsehen auf fast jedem Kanal auf Kochsendungen, aber zwischen all den asiatischen, italienischen oder französischen Gerichten ist die gute alte Hausmannskost fast in Vergessenheit geraten. Das finden nicht nur wir schade, immer mehr Menschen sehnen sich nach all den Pasta-Varianten und Curry-Kreationen wieder nach den Leibgerichten ihrer Kindheit! Sei es ein leckerer Braten mit Kruste oder die süßen Versuchungen mit so romantischen Namen wie Armer Ritter.
Immer wieder erreichen uns Leserbriefe von Menschen, die auf der Suche sind nach einem neuen Grundlagenkochbuch alter Klassiker, mit all den großen Rezepten, die für die deutsche Küche stehen – diese Reaktionen auf unsere Sendung waren für uns ein Grund, das vorliegende Buch herauszubringen: ein Grundlagenkochbuch der Hausmannskost.
Lange Jahre hatte die Hausmannskost einen schlechten Ruf. Zu ungesund sei sie, zu fett, zu aufwändig. Wir werden mit diesen Vorurteilen aufräumen. Sie werden staunen, wie viele Gemüsesorten bei unseren Rezepten zum Einsatz kommen – und wie viele alte Gemüse wir aus der Versenkung auferstehen lassen. Oder wann haben Sie zuletzt mit Pastinaken gekocht? Und da wir in unseren Rezepten ausschließlich auf Handarbeit setzen, fehlt von Konservierungsmitteln, Emulgatoren und Geschmacksverstärkern auch jede Spur. Das hört sich nicht nur gesund an, das ist es auch – allerdings: Ein Diätkochbuch halten Sie nicht in den Händen. Aber mal ehrlich: Sollten wir zu all den Diätbüchern noch ein weiteres beisteuern? Nein, denn dafür stehen wir auch nicht. Wir stehen für Genuss, Lebensfreude und gut gemachtes Essen – und das ist etwas, was gar nicht so verkehrt sein kann. Denn was einen glücklich und rundum zufrieden macht – das ist nicht nur dem Körper zuträglich, sondern auch dem Geist.

Das selige Lächeln, das sich nach dem Genuss eines köstlichen Lieblingsessens auf unser Gesicht legt, das legt sich auch auf unsere Stimmung. Und genau das passiert auf fast schon wundersame Weise bei unseren Gerichten. Ein leckerer Schweinebraten, Knödel, deftige Eintöpfe oder auch mal eine feine Forelle – das sind Rezepte, die uns glücklich machen. Rezepte unserer Kindheit.

Schritt für Schritt werden die einzelnen Arbeitsschritte erklärt, bereichert durch Warenkunde, Anekdoten, Tipps und Tricks aus der Profiküche. Vieles ausführlich bebildert und so für jeden und jede nachvollziehbar. Von den einfachen Buletten bis hin zur Martinsgans ist in diesem Buch alles enthalten, was einem das Wasser im Munde zusammenlaufen lässt.

Viel Spaß beim Schmökern, Kochen und Schlemmen
wünscht Ihnen

Ihr ARD-Buffet-Team

SALATE, DRESSINGS & VORSPEISEN

Bei vielen Menschen fristen Salate und ihre Dressings ein eher trauriges Dasein – und selbst den kreativsten Köpfen versagt hier leider nur allzu oft die Fantasie. Meist ist es der immer gleiche Kopfsalat, womöglich mit Fertigvinaigrette aus dem Becher, oder der tonnenschwere Kartoffel- oder Nudelsalat mit Remoulade, der auf den Tisch kommt. Doch damit soll nun Schluss sein! Wir plädieren für Frische, guten Geschmack und Abwechslung – sowohl bei den Salaten als auch bei den Dressings, den verwendeten Kräutern und den Öl- und Essigsorten.

Deshalb finden Sie zu Anfang des Kapitels neben einer kleinen Warenkunde zuerst einmal klassische Dressings und ihre neuen Varianten, die Sie zum Ausprobieren verführen sollen. Nur Mut! Die Rezepte sind allesamt einfach und geschmacklich unübertroffen gut.

Neben diesen Tipps für die Blattsalate finden Sie im weiteren Verlauf dann die Hausmachersalate. Vom Kartoffel- bis zum Wurstsalat ist alles dabei, was Rang und Namen hat. Und weil unsere deftigen Kreationen sowieso schon mehr als eine kleine Beilage sind, haben am Schluss des Kapitels noch vier weitere köstliche kleine Gerichte Eingang gefunden.

Klassische Küchenkräuter der Hausmannskost
und ihre neuen Freunde

Bärlauch

Vor nicht allzu langer Zeit ausschließlich in der freien Natur zu finden, erlebt das heimische Halbschattengewächs eine ungeheure Renaissance auf Märkten. Zu Recht, wie man nach erstmaligem Genuss schnell feststellen wird. Fein geschnitten ersetzt es in deftigen Salaten oder auch in einer Quiche den Knoblauch – und gesund soll es außerdem noch sein. Bärlauch ist frisch im Frühjahr auf Märkten und das ganze Jahr über als Bärlauch-Pesto erhältlich. Achtung: Besser nicht selber sammeln, denn die Blätter des Bärlauchs gleichen diversen giftigen Gewächsen, zum Beispiel den Maiglöckchenblättern! Übrigens: Bärlauch sollte nur als ganz junge und zarte Pflanze verspeist werden. Nachdem er geblüht hat, kann er nämlich sehr penetrant werden.

Basilikum

Die köstlichen Blätter sind eigentlich zu schade, um sie nur in Verbindung mit Tomaten oder im Pesto einzusetzen. Und nicht nur Salatsaucen, selbst Haxen und Würste können geschmacklich von den zarten Blättchen profitieren. Allerdings sind diese empfindlich. Getrocknet und auch tief gekühlt büßen sie sehr viel Aroma ein – daher sollte Basilikum nur frisch verwendet werden.
Übrigens: Wer Basilikum im Kühlschrank aufheben muss, der sollte ihn immer einwickeln oder in einer Dose verstauen, sonst wird er allzu schnell schwarz und matschig.

Bohnenkraut

Definitiv viel zu schade, um nur bei Busch- und Stangenbohnen Verwendung zu finden. Mit seinem pfeffrigen Geschmack passt es auch gut zu Linsen und vielen Gemüsesorten – entfaltet seinen Geschmack jedoch im Gegensatz zum Basilikum erst nach längerer Kochzeit. Daher: Immer mit Stängel von Beginn an in den Topf geben und kurz vor dem Servieren entfernen.

Dill

Ist ganz klassisch zu Gurken, Fisch und neuen Kartoffeln die ideale Beigabe. Allerdings passt Dill zu sehr viel mehr. Blattsalaten verleiht er durch sein frisches, leicht an Anis erinnerndes Aroma eine delikate Note. Bei warmen Gerichten sollte das zarte Grün erst kurz vor dem Servieren hinzugefügt werden.

Estragon

Das Beifußgewächs ist vor allem in Osteuropa und in Frankreich sehr beliebt. Dort ist es wichtiger Bestandteil der Sauce Bernaise. Während es heutzutage eher Saucen bereichert, machte es in früherer Zeit in Salaten Kerbel und Schnittlauch Konkurrenz. Estragon würzt – wenn Sie ihn frisch verwenden – sehr intensiv, daher reichen meist schon einige wenige Blätter.

Kerbel

Der frische Kerbel ist dem getrockneten immer vorzuziehen – ist er doch ungleich geschmacksintensiver. Die zarten Blättchen, die an glatte Petersilie erinnern, sind ein wichtiger Bestandteil der Frankfurter Grünen Sauce – allerdings sind sie auch in Salatdressings auf Joghurtbasis oder in Sahnesaucen nicht zu unterschätzen. Besonders gut passt Kerbel zu frischem Spargel. Diese Verbindung sollten Sie unbedingt einmal ausprobieren.

Kresse

Leider allzu oft nur als Ostereierbett oder zum Quark der Pellkartoffel verwendet, ist die pfeffrige Kresse mit all ihren Verwandten doch zu viel mehr zu gebrauchen. In Salaten, Salatsaucen, Kräuterbuttervarianten oder als Teil einer Kräuterpanade ist das zarte, nur frisch zu verwendende Kraut ein vielseitiger Genuss.

Knoblauch

Nicht nur zur Abwehr des Leibhaftigen immer wieder gerne im Einsatz – auch bei mediterranen Speisen praktisch ein Muss. Doch auch in heimischen Eintöpfen, zu Braten oder auch in Dressings ist die Knolle eine Bereicherung. Zaghaften sei der frische Knoblauch empfohlen, der etwas milder daherkommt.

Liebstöckel

Auch als Maggikraut bekannt, tut sich das hohe Gewächs sowohl in Suppen und Eintöpfen als auch in Salaten hervor. Aber auch zu Fisch und Fleisch sollte es immer wieder einmal zum Einsatz kommen. Doch Vorsicht: Liebstöckel schmeckt sehr schnell intensiv, vor allem wenn er mitgekocht wird.

Majoran

Verwandt mit Oregano und Thymian ist Majoran noch besser, da er noch wohlriechender und delikater im Geschmack ist. Da Majoran empfindlich ist, sollte er nur kurz erhitzt werden und rasch auf den Tisch kommen. Sie können Majoran in Suppen, Würsten, zu Bratkartoffeln, Braten sowie in Saucen äußerst vielseitig einsetzen.

Minze

Frisch, frischer, Minze: Die köstlichen Blättchen sind als alleinige Dekoration für Desserts oder als Tee viel zu schade, denn sie sind eine echte Bereicherung für orientalisch anmutende Varianten der Hausmannskost.
In Dressings und Saucen eine echte Überraschung, haben die Blättchen nach dem Orient vor allem in Großbritannien viele Anhänger gefunden, wo übrigens 1695 auch die Pfefferminze als spezielle Kreuzung kreiert wurde. Doch beschränken Sie sich nicht nur auf die Pfefferminze – es gibt rund 18 im Handel erhältliche Sorten, zum Beispiel die Wasserminze oder Minze mit lila Blattadern, die Sie, falls Sie ihrer habhaft werden, unbedingt probieren sollten.

Petersilie

Kraus oder glatt ist hier die Frage, wobei glatt auf dem Vormarsch ist, da intensiver im Geschmack. Kraus dagegen gilt immer noch als dekorativer, weshalb die krause Petersilie auf keiner kalten Platte fehlt. Wie auch immer: Petersilie ist aus der deutschen Küche nicht wegzudenken und fast überall einsetzbar. Allerdings gilt auch hier: Frisch ist besser!

Rosmarin

Das einzige Kraut, das sich dank seiner tannenartigen Nadeln auch ausgemachte Nichtbotaniker leicht merken können. Rosmarin gibt diversen Braten, Grillgerichten, aber auch Bratkartoffeln ein ungemein gutes und mediterranes Aroma. Frisch ist es noch mal deutlich intensiver als getrocknet und macht sich auch gut als Aromazugabe in Olivenöl.

Salbei

Zuallererst ein klassisches mediterranes Kraut, das im Süden sowohl zu Fisch als auch in Fleischgerichten zum Einsatz kommt. Doch auch hierzulande sollten die silbrig-samtigen Blätter viel öfter verwendet werden – sei es zu Braten, Saucen oder in deftigen Eintöpfen.

Schnittlauch

Mit der Petersilie zusammen der große Klassiker in der deutschen Küche. Zu Salaten, im Quark und in vielen Saucen und Suppen unverzichtbar und als mildestes aller Zwiebelgewächse auch für empfindliche Gaumen ein pures Vergnügen. Übrigens: Die Schnittlauchblüten mit ihrer lila Farbe sehen nicht nur gut aus, sondern schmecken auch vorzüglich. Am besten zupfen Sie einzelne Blütenblätter von der kugeligen Blüte und streuen sie über Salate.

Saucen, Dips und Dressings

Als Faustregel bei der Herstellung einer Salatsauce kann man sagen, dass man mit dem Essig geizen sollte – wie ein Bettler – und mit dem Öl großzügig umgehen – wie ein König. Allerdings kommt es sehr auf die Qualität dieser beiden Grundzutaten an. Wie beim Öl gibt es auch beim Essig enorme Unterschiede, und von stechend scharf bis säurearm oder sogar fruchtig-mild und trinkbar ist alles erhältlich. Schaffen Sie sich für Ihre Vinaigrette ein sehr gutes Öl und einen milden, fein ausgewogenen Essig an, zum Beispiel einen guten weißen Aceto Balsamico. Auch wenn Sie dafür etwas tiefer in die Tasche greifen müssen: Diese Investition lohnt sich in jedem Fall.

Grundrezept Vinaigrette

FÜR 2 PERSONEN

Salz, Pfeffer
Zucker
1 EL milder Senf
3 EL weißer Aceto Balsamico
ca. 6 EL Olivenöl

ZUBEREITUNG

1 Die Gewürze mit dem Senf und dem Essig so lange verrühren, bis sich alles gut vermischt hat.

2 Dann das Öl langsam hinzugeben und dabei immer weiter rühren. Je mehr Öl untergerührt wird, desto dickflüssiger wird die

Vinaigrette. Falls Sie Ihnen zu dickflüssig geraten ist, können Sie sie mit einem Schuss Apfelsaft oder Gemüsebrühe verdünnen.

Tipp: Dieses Vinaigrette-Rezept können Sie beliebig abwandeln. So können Sie zum Beispiel scharfen Dijon-Senf oder bayrischen süßen Senf benutzen. Auch andere Essige und Öle sorgen für ein ganz neues Geschmackserlebnis, und natürlich können Sie auch mit Kräutern experimentieren.

Grundrezept Joghurt-Dressing

FÜR 2 PERSONEN

1 kleiner Becher Joghurt
etwas Dill, Schnittlauch oder Minze
1 EL Olivenöl
Salz, Pfeffer
evtl. 1 Knoblauchzehe

ZUBEREITUNG

1 Den Joghurt glatt rühren und die gewaschenen, trockengetupften und gehackten Kräuter zugeben.
2 Das Olivenöl unterrühren und alles mit Salz und Pfeffer abschmecken. Wenn Sie möchten, können Sie auch eine Knoblauchzehe fein gehackt oder gepresst untermengen.

Grüne Meerrettich-Vinaigrette

FÜR 2 PERSONEN

1 großes Meerrettichblatt
1 Bund Schnittlauch
5 EL Olivenöl
3 TL Apfelessig
2 EL Ahornsirup
Pfeffer, Salz

ZUBEREITUNG

1 Das Meerrettichblatt waschen, trocknen und in feine Streifen schneiden. Den Schnittlauch waschen und in kleine Röllchen schneiden.
2 Die Blattstreifen mit Öl, Essig und Ahornsirup gut vermischen. Mit Salz und Pfeffer abschmecken und 2 EL Schnittlauch untermischen.

Tipp: Dieses Dressing schmeckt zu allen Salaten, die zu Fisch gereicht werden oder zu gekochtem Fleisch, wie beispielsweise Kalbsbrust.

Bleichsellerie-Dressing

FÜR 2 PERSONEN

1 Stange Bleichsellerie
1 Bund Petersilie
1 Bund Schnittlauch
1 Bund Estragon
1 Ei
1/8 l Öl
1 EL Essig
1/8 l kalte Gemüsebrühe, kräftig gewürzt
1 TL Zucker
1 EL scharfer Senf
Salz, Pfeffer

ZUBEREITUNG

1 Den Bleichsellerie waschen, abtropfen lassen und in feine Streifen schneiden. Die Kräuter grob hacken.

2 Das Ei in einen Mixbecher geben. Kräuter, Öl, Essig, Gemüsebrühe, Zucker und

Senf zugeben und gut durchmixen. Die Selleriestreifen unter die Sauce geben. Mit Salz und Pfeffer abschmecken. Die Sauce sollte dick und cremig sein. Ist sie zu dünn, muss noch etwas Öl untergemixt werden.

Tipp: Das Dressing passt hervorragend zu allen Gemüsesalaten.

Grundrezept Mayonnaise

2 Eigelb
1 EL Senf
je 1 Prise Salz und Pfeffer
1/2 Zitrone
Sonnenblumenöl
ca. 1/4 l Sonnenblumenöl

ZUBEREITUNG

1 Eigelb mit Senf, den Gewürzen und dem Saft der halben Zitrone sehr gut verrühren.

2 Dann das Öl langsam zugeben, dabei aber mit dem Schneebesen immer weiterrühren, bis die Mayonnaise die gewünschte Konsistenz ereicht hat.

Tipp: Wenn alle Zutaten gut gekühlt sind, geht's am besten.

Aioli und Remoulade

Nach diesem Rezept lässt sich auch eine Aioli bereiten. Ersetzen Sie einfach das Sonnenblumenöl durch Olivenöl und heben Sie sehr fein gehackten Knoblauch in beliebiger Menge unter. Damit die Sauce nicht so schwer ist, kann man auch geriebenes Weißbrot unterziehen.
Für eine Remoulade rühren Sie ein hart gekochtes Ei, eine klein geschnittene saure Gurke und etwas fein geschnittenen Schnittlauch unter die Mayonnaise.

NUDEL-RUCOLA-SALAT

VON RAINER STROBEL

FÜR 4 PERSONEN

2 Bund Rucola
150 g Kirschtomaten
100 g getrocknete Tomaten, in Öl eingelegt
100 g schwarze Oliven
1 Knoblauchzehe
Salz, Pfeffer
Zucker
3 EL Aceto Balsamico
5 EL Olivenöl
300 g Spaghettini
50 g Parmesan

ZUBEREITUNG

1 Rucola waschen, trockenschleudern und die Blätter halbieren. Die Tomaten vierteln, von den getrockneten Tomaten das Öl abtropfen lassen und in ca. 1 cm starke Streifen schneiden. Die Oliven in Ringe schneiden.

2 Knoblauch schälen und durch eine Presse drücken. Mit Salz, Pfeffer, einer Prise Zucker, Balsamico und Olivenöl zu einem Dressing vermischen.

3 Die Spaghettini in Salzwasser al dente kochen. Abgießen und noch warm mit den vorbereiteten Tomaten, Oliven und dem Dressing mischen. Zuletzt den Rucola unterheben und mit frisch gehobeltem Parmesan bestreuen.

Aceto Balsamico ist der edelste unter den Essigen und wurde in früherer Zeit sogar pur genossen. Er ist ideal für köstliche Dressings, kann allerdings auch zum Aromatisieren von Suppen und sogar von Kurzgebratenem verwendet werden. Der echte Aceto Balsamico tradizionale di Modena wird zur besseren Unterscheidung seiner minder edlen Verwandten seit 1990 ausschließlich in runden Flakons angeboten.

Zwei Varianten für Nudelsalat auf klassische Art

von Jacqueline Amirfallah

ZUBEREITUNG VARIATION 1

1 Die Nudeln in Salzwasser bissfest kochen. Gurken und Schinken in kleine Würfel schneiden und die Kräuter fein wiegen.
2 Alle Zutaten gut miteinander vermischen, die Mayonnaise unterrühren und zum Schluss mit Salz und Pfeffer abschmecken.

ZUBEREITUNG VARIATION 2

1 Die Nudeln in Salzwasser bissfest kochen. Wurst und Gewürzgurken klein schneiden.
2 Die Möhren schälen, in Würfelchen schneiden und mit nur so viel Gemüsebrühe in ca. 10 Minuten weich dünsten, dass die Möhrenscheiben gerade bedeckt sind. Nach der Hälfte der Garzeit die Erbsen hinzufügen.
3 Gemüse abgießen, mit den restlichen Zutaten vermischen und mit Salz und Pfeffer abschmecken.

Tipp: Ersetzen Sie einen Teil der Mayonnaise durch Joghurt – dadurch werden die Salate leichter.

FÜR 4 PERSONEN

VARIATION 1

300 g Gabelnudeln
3 Gewürzgurken
100 g gekochter Schinken
je 1 kleiner Bund Petersilie und Schnittlauch
150 g Mayonnaise
Salz, Pfeffer

VARIATION 2

300 g Gabelnudeln
100 g Mortadella oder Fleischwurst
3 Gewürzgurken
2 große Möhren
1 Tasse Gemüsebrühe
50 g grüne Erbsen
150 g Mayonnaise
Salz, Pfeffer

BUNTER KARTOFFELSALAT

VON RAINER STROBEL

FÜR 2 PERSONEN

300 g Kartoffeln, festkochend
2 Eier
100 g Fleischkäse
100 g Gewürzgurken
5 Radieschen
2 Tomaten
1 Schalotte
2 EL Öl
100 ml Fleischbrühe
2 EL Essig
Salz, Pfeffer, Zucker
je 1 EL Dill, Petersilie, Schnittlauch, fein geschnitten

ZUBEREITUNG

1 Die Kartoffeln und die Eier kochen, abkühlen lassen und in Scheiben schneiden. Fleischkäse, Gewürzgurken und Radieschen in Streifen schneiden. Die Tomaten würfeln. Alles in eine Schüssel geben und vermischen.

2 Die Schalotte würfeln und in einer Pfanne mit etwas Öl kurz anziehen lassen. Fleischbrühe, Essig und etwas Gewürzgurkensaft zugeben und kurz aufkochen.

3 Den Fond heiß über das Kartoffel-Fleischkäse-Gemisch geben und untermischen. Den Kartoffelsalat mit Salz, Pfeffer und Zucker abschmecken und mit den frischen Kräutern bestreuen. Lauwarm servieren.

KARTOFFEL-SPECK-SALAT

VON OTTO KOCH

FÜR 2 PERSONEN

70 g feine grüne Linsen (Puy-Linsen)
400 g kleine Kartoffeln
80 g geräucherter Speck
150 ml Gemüsebrühe
3 EL Rapsöl
2 EL Essig
Salz, Pfeffer
2 EL Olivenöl

ZUBEREITUNG

1 Die Linsen mindestens 4 Stunden in reichlich kaltem Wasser einweichen, dann abschütten und in einem Topf mit kochendem Wasser in etwa 20 Minuten weich kochen. Die Kartoffeln kochen und pellen.

2 In der Zwischenzeit Speck in feine Streifen schneiden und in einer Pfanne kross anbraten. Die Gemüsebrühe aufkochen.

3 Die noch heißen Kartoffeln in Scheiben schneiden und mit Gemüsebrühe, Rapsöl und 1 EL Essig anmachen. Mit Salz und Pfeffer abschmecken und die gebratenen Speckstreifen daruntermischen.

4 Die gekochten Linsen abschütten, mit 1 EL Essig, Olivenöl, Salz und Pfeffer anmachen.

Kartoffelsalat auf der Tellermitte anrichten und mit der Linsen-Vinaigrette umgießen.

Linsen, die anspruchslosen Nährstoffbomben, sind in vielen Küchen der Welt zu Hause. Sie gibt es in weitaus mehr Sorten, als die schnöde Eintopf-Tellerlinse uns glauben machten könnte. Eine der edelsten Linsenart ist die grüne, kleine, dünnhäutige französische Puy-Linse, die ein feinnussiges Aroma hat. Wie alle Linsen sollte sie in ungesalzenem Wasser gegart werden.

Kartoffel-Bohnen-Salat mit Chili

von Jacqueline Amirfallah

ZUBEREITUNG

1 Die roten und schwarzen Bohnenkerne über Nacht in reichlich Wasser einweichen, anschließend in ca. 20 Minuten weich kochen, dabei das Kochwasser nicht salzen.
2 Die Kartoffeln in der Schale kochen, pellen und in Scheiben schneiden. Die grünen Bohnen putzen, in Salzwasser gar kochen und in Eiswasser abschrecken. Chili entkernen und fein hacken.
3 Die Zwiebel in Butter anschwitzen, Chili, Ingwer und Paprika zugeben, mit Salz und Pfeffer würzen, schmoren, mit Gemüsebrühe aufgießen und weich kochen. Alles fein pürieren und passieren.
4 Kartoffelscheiben, Bohnen, Bohnenkerne und Frühlingszwiebeln in eine große Schüssel geben, mit Olivenöl beträufeln und den Paprika-Chili-Sud darüber geben. Alles gut vermengen und mit Salz abschmecken.

Zum Salat passen sehr gut gebratene Garnelen oder ein gebratener Fisch.

FÜR 2–4 PERSONEN

je 50 g rote und schwarze Bohnenkerne
600 g Kartoffeln, festkochend
150 g grüne Bohnen
1 rote Chilischote
1 kleine Zwiebel, fein geschnitten
Butter
1 TL Ingwer, frisch gerieben
1 rote Paprika, gewürfelt
Salz, Pfeffer
500 ml Gemüsebrühe
1 Bund Frühlingszwiebeln, fein geschnitten
Olivenöl

Bayrischer Krautsalat

von Vincent Klink

FÜR 2 PERSONEN

50 g gerauchter Bauchspeck
1/2 Kopf Weißkraut
1 Schalotte, fein geschnitten
1/2 Bund glatte Petersilie, fein geschnitten
2-3 EL Essig
4 EL Pflanzenöl
1 TL Kümmel
Zucker
Pfeffer, Salz

ZUBEREITUNG

1 Speck würfeln. Das Kraut in feine Streifen schneiden, in kochendem Wasser kurz blanchieren, kurz in kaltem Wasser abschrecken und gut abtropfen lassen.

2 Das Kraut in eine Schüssel geben und mit den Speckwürfeln, Schalottenwürfeln, Petersilie, Essig, Öl und Kümmel gut mischen. Mit Zucker, Pfeffer und Salz würzen und den Krautsalat 20 Minuten ziehen lassen. Dann nochmals abschmecken und eventuell mit Essig und Gewürzen nachwürzen.

Dieser Krautsalat kann sehr gut nur mit Brot gegessen werden. Als Beilagensalat eignet er sich hervorragend zu gegrilltem Fleisch, zu Würstchen und zu gebratenem Fleischkäse.

Kümmel

Der Kümmel gilt als eines der ältesten Gewürze der Welt, hat man die aromatischen Samen schließlich schon in Pfahlbauten gefunden, die sich auf die Zeit um 3000 v. Chr. datieren lassen. Kümmel ist das klassische Gewürz zu deftigen Speisen wie Gulasch oder Braten. Aber auch Kartoffeln und Brot wird er oft beigegeben. Übrigens: Die größten Kümmelverbraucher sind die Österreicher und die Deutschen.

Rote-Beete-Salat mit Honig-Schalotten

von Jacqueline Amirfallah

ZUBEREITUNG

1 Rote Beete vorsichtig waschen und einzeln mit etwas Meersalz, 1 Lorbeerblatt und 1 EL Honig in Alufolie einpacken. Im 200 °C heißen Backofen garen, bis die Rote-Beete-Knollen weich sind (das dauert je nach Größe ca. 1 Stunde).

2 Die Schalotten schälen und im Ganzen in einer Pfanne mit Butterschmalz anbraten. Mit Salz, Pfeffer und braunem Zucker würzen, mit 1 EL Honig und etwas Aceto Balsamico ablöschen. Etwa 15 Minuten köcheln lassen, bis die Schalotten weich sind.

3 Rote Beete auspacken, schälen und in Scheiben schneiden, dabei die Flüssigkeit auffangen. Aus Senf, 2-3 EL Aceto Balsamico und Walnussöl eine Vinaigrette rühren. Mit der Rote-Beete-Flüssigkeit, Salz und Pfeffer abschmecken. Schnittlauch klein schneiden, mit der Roten Beete und der Vinaigrette zu einem Salat vermischen, anrichten und mit den gehackten Walnusskernen dekoriert servieren.

Tipp: Zu diesem Salat passt hervorragend gebratener Lachs.

FÜR 4 PERSONEN

1 kg Rote Beete
Meersalz
einige Lorbeerblätter
etwas Honig
10 Schalotten
Butterschmalz
Salz, Pfeffer
brauner Zucker
etwas Aceto Balsamico
1 TL Senf
5 EL Walnussöl
1 Bund Schnittlauch
4 Walnusskerne, gehackt

SCHWEIZER WURSTSALAT

VON VINCENT KLINK

FÜR 2 PERSONEN

250 g Schinkenwurst
250 g Schweizerkäse
1 Zwiebel
1/2 TL scharfer Senf
4 EL Essig
4 EL Sonnenblumenöl
schwarzer Pfeffer
3 EL Distelöl
2 EL Weißwein
1/2 Bund Schnittlauch, fein geschnitten
Zucker
Salz, Pfeffer
1 Rettich
1 kleiner Kopfsalat

ZUBEREITUNG

1 Die Wurst und den Käse in feine Streifen schneiden, die Zwiebel fein hacken.
2 Senf mit 2 EL Essig und Sonnenblumenöl gut vermischen. Wurst, Käse und Zwiebel daruntergeben, gut vermengen, mit etwas schwarzem Pfeffer würzen und 10 Minuten ziehen lassen.
3 Restlichen Essig, Diestelöl, Weißwein, Schnittlauchröllchen, 1 Prise Zucker, etwas Pfeffer und Salz in ein verschließbares Glas geben. Den Rettich grob raspeln, auch ins Glas geben, mit dem Deckel verschließen und gut schütteln.
4 Den Salat putzen, waschen und abtropfen lassen. Die Salatblätter ringförmig auf Tellern anrichten und mit dem Rettich-Dressing beträufeln. Den Wurstsalat noch mal durchmischen und in der Tellermitte anrichten. Dazu Bauernbrot oder Baguette reichen.

LINSENSALAT
VON VINCENT KLINK

FÜR 2 PERSONEN

250 g kleine Linsen (z.B. Puy-Linsen oder Berglinsen)
7 EL Olivenöl
2 EL Rotweinessig
2 EL Weißwein
2 TL Dijon-Senf
1 TL Salz
1 Msp. Zimt
je 1 TL Zucker und Pfeffer
1 Karotte
1 Bund Schnittlauch, fein gehackt
1 Schalotte, fein gehackt

ZUBEREITUNG

1 Die Linsen in ca. 20 Minuten weich kochen, etwas Biss dürfen sie noch haben.
2 Alle anderen Zutaten – außer der Karotte, der Schalotte und dem Schnittlauch – in ein Marmeladenglas füllen, den Deckel verschließen und gut durchschütteln.
3 Die Karotte erst in dünne Scheiben, anschließend in Streifen schneiden und dann fein würfeln. Mit der Schalotte und etwas Olivenöl anschwitzen, den Schnittlauch dazugeben und mit den Linsen vermischen. Den Linsensalat mit dem Dressing anmachen und anrichten.

EXOTISCHER REISSALAT

VON JACQUELINE AMIRFALLAH

ZUBEREITUNG

1 Den Reis in reichlich Salzwasser bissfest kochen und kalt abspülen. Anschließend das Butterschmalz im Topf schmelzen, den Reis daraufgeben und eine halbe Stunde bei sehr kleiner Flamme dämpfen, dann wird der Reis schön körnig. Falls eine Kruste entsteht, diese einfach unter den Reis rühren, sie schmeckt sehr lecker. Reis auskühlen lassen.
2 Die Chili entkernen, die weißen Trennwände komplett wegschneiden und die Chili sehr fein hacken. Das Zitronengras ebenfalls sehr fein hacken. Die Orangen filetieren und die Orangenfilets zusammen mit der Chili und dem Zitronengras unter den Reis mischen. Dann die Shrimps und die Kokosmilch zugeben.
3 Die Korianderblättchen abzupfen, hacken und dazugeben und den Salat mit Salz, Pfeffer und Zucker abschmecken.

FÜR 2 PERSONEN

150 g Basmatireis
1 EL Butterschmalz
1 grüne Chili
1 Stängel Zitronengras
2 Orangen
50 g Shrimps
ca. 60 ml Kokosmilch
1/2 Bd. frischer Koriander
Salz, Pfeffer
Zucker

Geflügelsalat mit jungen Erbsen

von Jacqueline Amirfallah

FÜR 2 PERSONEN

2 Hühnerbrüste
1 Lorbeerblatt
1 kleine Zwiebel
Salz, Pfeffer
1 kg junge Erbsen oder
400 g TK-Erbsen
2 Stangen grüner Spargel (ersatzweise 4 Champignons)
1 Eigelb
1 TL scharfer Senf
1 Spritzer Zitronensaft
ca. 1/4 l Sonnenblumenöl
etwas Hühnerbrühe
etwas Apfelsaft
1 Apfel (z. B. Boskop)

ZUBEREITUNG

1 Die Hühnerbrüste mit dem Lorbeerblatt und der geschälten, halbierten Zwiebel, etwas Salz und Pfeffer in einen Topf geben, knapp mit Wasser bedecken, gar kochen und anschließend abkühlen lassen.

2 Die Erbsen aus der Schote pulen, in Salzwasser weich kochen und in sehr kaltem Wasser abschrecken. Den Spargel schälen, bissfest kochen und abschrecken. In mundgerechte Stücke schneiden.

3 Eigelb mit Senf und einem Spritzer Zitronensaft in eine Rührschüssel mit hohem Rand geben. Unter ständigem Rühren mit dem Schneebesen langsam das Öl zufügen und zu einer Mayonnaise rühren. Mit wenig Hühnerbrühe, Apfelsaft, Salz und Pfeffer abschmecken.

4 Den Apfel vierteln, entkernen und schälen. In hauchdünne Scheiben schneiden. Die Hähnchenbrüste würfeln, mit den Erbsen, dem Spargel und Apfelscheiben mischen und mit Mayonnaise überziehen. Zum Geflügelsalat Weißbrot reichen.

Rahmsteinpilze mit gebratenen Serviettenknödeln

von Rainer Strobel

FÜR 2 PERSONEN

4 Brötchen vom Vortag
3 Eier
150 ml Milch
Salz
Muskatnuss
1 Bund Petersilie
40 g Butter
500 g Steinpilze
1 Schalotte
2 Knoblauchzehen
2 EL Olivenöl
Pfeffer
100 ml Sahne

ZUBEREITUNG

1 Für die Knödel die Brötchen in kleine Würfel schneiden und in eine Schüssel geben. Die Eier trennen.
2 Das Eigelb mit Milch, Salz und etwas Muskat verquirlen und über die Semmelwürfel gießen, die Masse zusammendrücken und eine halbe Stunde ziehen lassen. Die Hälfte der gehackten Petersilie zugeben.
3 Das Eiweiß steif schlagen und den Schnee unter die Semmelmasse ziehen.
4 Ein Stück Alufolie mit Butter bestreichen. Die Knödelmasse zu einer Rolle mit ca. 7 cm Durchmesser formen und in die Alufolie einwickeln. Dann die Rolle in siedendem Salzwasser ca. 35 Minuten garen. Nach dem Kochen auswickeln und in ca. 2 cm dicke Scheiben schneiden.
5 Die Steinpilze nur putzen, nicht waschen, sonst ziehen sie Wasser. Danach in größere Würfel schneiden.
6 Die Schalotte würfeln, den Knoblauch hacken und beides in Olivenöl anschwitzen. Dann die Pilze darin scharf anbraten, mit Salz und Pfeffer würzen und mit Sahne auffüllen.
7 Die Sahnesauce auf die Hälfte einkochen. Mit einem Löffel Butter und der restlichen Petersilie verfeinern. Die Rahmsteinpilze mit den Knödelscheiben servieren.

Tipp: Übrig gebliebene Knödel am nächsten Tag in Scheiben schneiden und in etwas Butter goldgelb anbraten.

Quark-Kartoffelplätzchen mit Kopfsalat

von Rainer Strobel

ZUBEREITUNG

1 Die Kartoffeln waschen und mit der Schale weich kochen. Den Kopfsalat zupfen, waschen und gut abtropfen lassen. Die gegarten Kartoffeln pellen und noch heiß durch eine Kartoffelpresse drücken.
2 Den gut abgetropften Quark, Eigelb, Stärke, 1 Prise Salz und etwas geriebene Muskatnuss zu den Kartoffeln geben und alles gut vermischen. Aus dem Teig Plätzchen mit einem Durchmesser von ca. 6 cm und einer Dicke von ca. 1,5 cm formen. Die Plätzchen in einer Pfanne mit Butterschmalz goldgelb ausbacken.
3 Essig, Olivenöl, Salz, Pfeffer und Zucker gut verrühren. Schnittlauch und Dill untermischen und den abgetropften Salat damit anmachen. Die Plätzchen mit dem Salat anrichten und servieren.

Tipp: Wer es süß mag, der lässt den Salat einfach weg, bestreut die Plätzchen mit Zucker und Zimt und serviert sie zu Apfelmus.

FÜR 2 PERSONEN

500 g Kartoffeln, mehligkochend
1 Kopfsalat
100 g Magerquark
2 Eigelb
4 EL Kartoffelstärke
Salz
Muskatnuss
Butterschmalz
3 EL Weißweinessig
50 ml Olivenöl
Salz, Pfeffer
Zucker
1/2 Bund Schnittlauch, fein geschnitten
1/2 Bund Dill, fein geschnitten

Lauch-Frischkäse-Knödel mit Käsesauce

von Vincent Klink

FÜR 2 PERSONEN

1/4 Stange Lauch, klein gewürfelt
Butter zum Anbraten
30 g weiche Butter
3 Eigelb
1/2 EL Speisestärke
500 g Ricotta, gut ausgedrückt
1-2 Brötchen, frisch gerieben
Schale von 1/2 unbehandelten Zitrone
Salz, Pfeffer
1 Schalotte, fein geschnitten
1 EL Mehl
1/4 l Milch
50 g Greyerzer Käse oder Gouda, gewürfelt
Muskatnuss

ZUBEREITUNG

1 Den Lauch in einer Pfanne mit etwas Butter andünsten, auf ein Sieb geben und abtropfen lassen.

2 Weiche Butter mit dem Eigelb schaumig schlagen und die Speisestärke darunterrühren. Gut ausgedrückten Ricotta (er sollte eine bröselige Konsistenz haben), Brötchen, abgeriebene Zitronenschale und angedünsteten Lauch zur schaumig gerührten Masse geben und alles gut miteinander vermischen. 10 Minuten ruhen lassen, damit die Brötchen quellen können. Die Masse mit Salz und Pfeffer abschmecken und zu kleinen Knödeln formen. Knödel in siedendem Salzwasser ca. 15 Minuten ziehen lassen.

3 Für die Sauce Schalotte in einem Topf mit etwas Butter anschwitzen, mit Mehl bestäuben und mit der Milch aufgießen. Alles mit dem Schneebesen glatt rühren und 2-3 Minuten gut durchkochen. Topf vom Herd ziehen, Käsewürfel unterrühren und schmelzen lassen. Mit Salz, Pfeffer und Muskat abschmecken und zu den Knödeln servieren.

Speckeierpfannkuchen mit Feldsalat

von Jacqueline Amirfallah

Zubereitung

1 Die Eier trennen. Eigelb mit Mehl und Milch vermengen und so viel Mineralwasser zugeben, dass ein flüssiger Teig entsteht.

2 Eiweiß zu Schnee aufschlagen und vorsichtig portionsweise mit dem Teig mischen. Mit Salz, Pfeffer und Schnittlauch abschmecken.

3 Den Speck in feine Streifen schneiden und in der Pfanne auslassen. 1 EL Speck und das Fett aufheben, die restlichen Streifen unter den Teig mischen. In einer Pfanne mit Butterschmalz zwei Pfannkuchen ausbacken.

4 Aus dem Senf, Essig, Salz, Pfeffer, Fett vom Speck, Sonnenblumenöl und Ahornsirup (1 EL Ahornsirup beiseitelegen) eine Vinaigrette schlagen. Restlichen Speck unter die Vinaigrette mischen. Den Feldsalat damit anmachen. Restlichen Ahornsirup über die Pfannkuchen geben und zusammen mit dem Salat servieren.

Für 2 Personen

5 Eier
ca. 100 g Mehl
100 ml Milch
etwas Mineralwasser
Salz, Pfeffer
1 Bund Schnittlauch, fein geschnitten
150 g geräucherter Speck
Butterschmalz
1 TL Senf
2 EL Rotweinessig
4 EL Sonnenblumenöl
2 cl Ahornsirup
100 g Feldsalat, geputzt

SUPPEN, FONDS & EINTÖPFE

Natürlich ist im Herbst und Winter das Verlangen nach einer wohlschmeckenden und wärmenden Suppe ganz besonders groß, doch auch im Frühjahr und Sommer sollten Suppen einen festen Platz im Speiseplan haben, denn während in der kalten Jahreszeit eher Deftiges zum Einsatz kommt, finden sich im Frühjahr und Sommer viele leichte Varianten. Und ein festliches Essen ohne eine leichte Suppe vorneweg, wäre doch so, als müsste man auf das Dessert verzichten. Das Menü wäre einfach nicht komplett.

Doch Fertigfonds und Granulate machen den selbst gemachten Fonds und Brühen Konkurrenz. So sehr, dass viele schon gar nicht mehr wissen, wie sie das Herz einer Suppe selbst zubereiten können. Aus diesem Grund stellen wir den eigentlichen Rezepten die wichtigsten Fond- und Brühe-Rezepturen vorneweg. Sie werden staunen, wie viel mehr Geschmack Sie so in eine Suppe bringen können, denn ein selbst gemachter Fond oder eine selbst hergestellte Brühe besitzen eine Geschmacksvielfalt, die unvergleichlich größer ist als das immergleiche Granulat aus dem Glas. Und von Geschmacksverstärkern, die gerne als »Hefeextrakt« daherkommen, fehlt natürlich auch jede Spur.
Und außerdem: Das Mehr an Aufwand können Sie minimieren, indem Sie die doppelte Menge kochen und die Hälfte einfrieren. Wenn es dann einmal schnell gehen soll, können Sie wunderbar auf diesen Vorrat zurückgreifen.

Alles rund um Fond und Consommé

Der Gemüsefond

- Für eine intensive Brühe können Putz- und sonstige Abschnitte von fast jeder Gemüseart verwendet werden. Pilze, besonders getrocknete, steigern das Aroma der Fonds, und eine gebräunte Zwiebel gibt zusätzlich Farbe.

- In klaren Gemüsesuppen wird das zerkleinerte Gemüse im Gemüsefond weich gekocht. Dabei das Gemüse je nach Festigkeit bzw. Gardauer zugeben. Bei gebundenen Gemüsesuppen wird die Bindung durch Pürieren hergestellt.

Gemüsebrühe

FÜR CA. 1,5 L

3 Zwiebeln
3 Karotten
2 Stangen Staudensellerie
1 Stange Lauch
ca. 500 g Gemüse nach Belieben (z.B. Zucchini)
1 Knoblauchzehe
Butter
2 Tomaten
50 g frische oder getrocknete Speisepilze
1 Lorbeerblatt
Salz, Pfeffer

ZUBEREITUNG

1 1 Zwiebel halbieren und die beiden Schnittflächen in einer trockenen Pfanne rösten. Übriges Gemüse putzen und grob zerkleinern.
2 In einem Topf mit Butter das zerkleinerte Gemüse bis auf die Tomaten und die Pilze anschwitzen, kurz dünsten und mit 3 l Wasser ablöschen.
3 Die Tomaten, die gebräunte Zwiebel und das Lorbeerblatt zugeben und bei geringer Hitze ca. 30 Minuten köcheln lassen. Dann die Pilze zugeben und noch mal aufkochen lassen. Die Gemüsebrühe durch ein sauberes Tuch passieren, erneut erhitzen, auf ca. 1,5 l Flüssigkeit einkochen lassen und mit Salz und Pfeffer abschmecken.

Der Fleischfond

- Fonds für Fleischsaucen oder auch für Suppen stellt man aus Knochen und/oder Fleischabschnitten her. Bei dunklen Fonds werden, im Gegensatz zu hellen Fonds, die Knochen und auch das Gemüse vor dem Auffüllen mit Wasser angeröstet.

- Um eine klare Brühe zu erhalten, werden die Knochen und das Fleisch zuerst in kochendem Wasser blanchiert (s. S. 124). Dadurch schließen sich die Fleischporen und Schmutzstoffe werden abgewaschen. Dieses erste Wasser schüttet man fort, setzt dann die Knochen mit kaltem Wasser erneut auf und lässt es aufkochen. Dadurch werden alle Geschmacksstoffe langsam herausgelöst. Allerdings muss das Fleisch zum Kochen der Fleischbrühe nicht zwangsläufig immer in kaltem Wasser aufgesetzt werden. Wenn das Fleisch später serviert werden soll, gibt man es in die kochend heiße Brühe. Dient es jedoch nur als Geschmacksverstärker, setzt man es mit kaltem Wasser an.

- Als Siedfleisch verwendet man Teile aus der Keule, der Schulter und aus dem Bauch. Es sollte durchwachsen sein, denn mageres Fleisch würde beim langen Kochen trocken werden. Beliebte Teile sind Tafelspitz oder Rinderbrust.

- Um eine klare Brühe zu erhalten, darf diese nie zu stark kochen und aufsteigende Trübstoffe müssen während des Kochvorgangs immer wieder abgeschöpft werden.

- Fonds gewinnen durch langes Kochen an Geschmack, dadurch kommt das Aroma der Gewürze stärker zur Geltung.

- Gemüse und Kräuter erst kurz vor der Fertigstellung dazugeben, damit ihr Geschmack nicht zu sehr verkocht. Das Gemüse (Sellerie, Karotten, Lauch und anderes Wurzelwerk) und auch die Kräuter können mit einem Bindfaden zu einem Gemüse- oder Kräuterbündel verschnürt werden, in der Fachsprache sagt man dazu Bouquet garni. Nach dem Kochen kann das Gemüse als Suppeneinlage oder als Garnitur zum Siedfleisch verwendet werden. Die Kräuter verwerfen.

- Ein Fond/eine Brühe wird nie oder nur sehr leicht gesalzen, da die weitere Verwendung noch nicht feststeht.

- Die Brühe wird farbintensiver und dunkler, wenn sie mit einer gebräunten Zwiebel gekocht wird. Dafür wird die Zwiebel vorher halbiert und mit der Schnittflache in einer Pfanne geröstet, bis sie genügend gebräunt ist.

- Die erste Steigerungsform der Brühe ist die Kraftbrühe oder Consommé. Sie entsteht durch einen zweiten Ansatz der Brühe mit Hackfleisch, Eiweiß und Gemüse. Dadurch wird die Brühe geklärt und im Geschmack verstärkt. Eine Kraftbrühe sollte eine goldene Farbe haben, keine Fettaugen aufweisen und einen feinen Fleischgeschmack besitzen. Deshalb wird für das »Klärfleisch« geschmacksintensives und eiweißreiches Wadenfleisch verwendet. Die Klärung der Brühe wird durch Bindung der Trübstoffe mit Eiweiß erreicht, diese verklumpen und können so ausgefiltert werden.

- Es lohnt sich, Fonds und Brühen in größeren Mengen herzustellen. Erkaltet und entfettet lassen sie sich problemlos portionsweise auf Vorrat einfrieren.

Grundrezept für eine Fleischbrühe (Bouillon)

FÜR CA. 2 L

1 kg Rinderfleischknochen
(am besten Brustkern)
500 g Rindfleisch, z.B. Rinderbrust oder
Beinfleisch
1 Bund Suppengemüse
1 kleine Zwiebel
Pfeffer, Salz, Muskatblüte
2 l Wasser

ZUBEREITUNG

1 Knochen unter fließendem Wasser abwaschen, in einen großen Topf geben, mit ausreichend kaltem Wasser auffüllen und aufkochen. Wenn alles kocht, das Fleisch dazugeben und blanchieren (s. S. 124). Knochen und Fleisch herausnehmen, das Wasser wegschütten und alles erneut mit 2 l kaltem Wasser aufsetzen.
2 Etwas Salz dazugeben und alles zum Kochen bringen. Dass die Brühe klar wird, bestimmen zum großen Teil die ersten Sekunden, wenn der Topfinhalt aufkocht. Es entsteht dabei Schaum und der muss mit der Schaumkelle abgehoben werden. Das ist besonders in der ersten halben Stunde unerlässlich.
3 Währenddessen Zwiebel mit der Schale halbieren und an den Schnittstellen in einer Pfanne anrösten.
4 Nach einer halben Stunde kommen die angeröstete Zwiebel, das Suppengemüse, die Muskatblüte und einige Pfefferkörner in die Brühe. Alles sanft, nicht sprudelnd für gute 2 Stunden kochen, dann abpassieren.

Grundrezept für eine Kraftbrühe (Consommé)

FÜR CA. 2 L

1 kg gewolfte Rinderwade
1 kleines Sträußchen Suppengemüse,
klein gehackt
5 Eiweiß
2 l Brühe

Die Verfeinerung der normalen, kräftigen Fleischbrühe (Bouillon) nennt man Consommé. Ist sie besonders kräftig, wird sie oft auch Consommé double genannt, also doppelte Kraftbrühe. Auf 1 l Bouillon kommen in der Zubereitung immer 500 g Klärfleisch (gewolfte Rinderwade).

ZUBEREITUNG

1 Idealerweise ist die Grundlage einer Kraftbrühe eine vollständig durchgekühlte Bouillon. Die gewolfte Rinderwade wird dann mit dem Gemüse und dem Eiweiß vermengt. Diese Mischung wird in die abgekühlte Bouillon gequirlt. Vorsicht: Dies muss mit viel Kraft geschehen, damit die Brühe mit der Fleischmasse völlig vermengt ist.

2 Dann alles auf den Herd stellen und die trübe Brühe unter ständigem Rühren zum Kochen bringen. Dabei immer wieder mit einer Bratkelle am Boden kratzen. Sobald die Brühe kocht, flockt das Eiweiß aus und reinigt die Brühe. Entstehenden Schaum daher immer wieder abschöpfen.

3 Nachdem alles aufgekocht ist, die Temperatur herunterstellen und alles nur noch bei schwacher Hitze 1 Stunde ziehen lassen. Vorsichtig durch ein Tuch passieren.

Basis-Fischfond

FÜR CA. 1,5 L

1 kg Karkassen (Gräten und Köpfe) von mageren Weißfischen, wie z.B. Steinbutt etc.
1 EL Butter
2 Schalotten
1 Bund Suppengemüse
1 l Wasser
1/2 l trockener Weißwein
1 Lorbeerblatt
1 Zweig Salbei
einige Pfefferkörner, wenig Salz

ZUBEREITUNG

1 Die Gräten abwaschen, dann in grobe Stücke hacken und in Butter andünsten. Das Gemüse klein würfeln und zugeben. Mit Wasser aufgießen, alles zum Kochen bringen und wie auch bei der Fleischbrühe immer wieder abschäumen. Nach 10 Minuten die Kräuter und Gewürze hineingeben und alles eine gute halbe Stunde köcheln lassen.

2 Alles passieren und die Brühe mit Weißwein auffüllen. Aufkochen und noch einmal abschäumen, mild mit Salz abschmecken.

Geflügelfond

FÜR CA. 1,5 L

2 kg Geflügelkarkassen und Teile
Öl zum Anbraten
4 Karotten
1 Stück Staudensellerie
1 kleines Stückchen Ingwer
1 EL Tomatenmark
4 cl Sherry
200 ml Weißwein
2 l Wasser
6 Pfefferkörner
1 Thymianzweig
Salz

ZUBEREITUNG

1 Die Geflügelteile waschen, in Stücke hacken und in heißem Öl rundherum anbraten. Das grob zerkleinerte Gemüse und den Ingwer zugeben, ebenfalls goldbraun braten und dann das Tomatenmark zugeben und kurz mitrösten.

2 Mit Sherry und Weißwein den Bratsatz lösen und so lange kochen, bis die Flüssigkeit fast ganz eingekocht ist. Mit kaltem Wasser auffüllen, Pfefferkörner und Thymian zugeben, aufkochen und den entstehenden Schaum immer wieder abschäumen. Bei mittlerer Hitze ca. 1,5 Stunden köcheln lassen, dabei nur sanft salzen. Dann durch ein Spitzsieb gießen, erkalten lassen und das erstarrte Fett abnehmen.

Klare Suppe mit Gemüse und Griessnocken

von Rainer Strobel

FÜR 4 PERSONEN

1 Beinscheibe vom Rind (ca. 400 g)
1 Stück Rinderbrust mit Knochen (ca. 400 g)
Salz
2 Möhren
1/2 Sellerieknolle
1 Petersilienwurzel
2 Zwiebeln
1 Stange Lauch
120 g Butter
2 Eier
240 g Grieß
Muskatnuss
1 Bund Petersilie

ZUBEREITUNG

1 Um eine richtig kräftige Brühe zu erhalten, wird das Fleisch in kaltem Wasser mit etwas Salz angesetzt. Langsam erhitzen und den sich dabei bildenden Schaum abschöpfen. Alles ca. 1 1/2 Stunden leise köcheln lassen und 20 Minuten vor dem Ende das geputzte Wurzelgemüse zugeben und mitkochen. Danach das Gemüse herausnehmen und in ca. 1 cm große Würfel schneiden. Das Fleisch ebenfalls würfeln und die Brühe durch ein Tuch passieren.

2 Für die Grießnocken die zimmerwarme Butter mit den Eiern verrühren und danach den Grieß unterrühren. Salz und Muskat dazugeben und alles im Kühlschrank eine Stunde kalt stellen. Danach mit dem Löffel Nocken abstechen und im kochenden Salzwasser 10 Minuten gar ziehen lassen.

3 Das Gemüse und das Fleisch in die Brühe geben, aufkochen, abschmecken und die fertigen Grießnocken dazugeben, zum Schluss mit frisch gehackter Petersilie garnieren.

Grieß

Hierfür wird meist auf Weizen zurückgegriffen: Mit Hartweizengrieß werden die Nocken hergestellt; ebenso findet er bei Nudeln, in Aufläufen und bei Schmarrn Verwendung. Weichweizengrieß kommt dagegen bei Breien und im Pudding zum Einsatz. Doch die geschälten und geschroteten Getreidekörner müssen nicht zwangsläufig vom Weizen stammen. Für die Polenta wird zum Beispiel Mais benutzt, und manchmal bildet sogar Reis die Grundlage.

Klare Waldpilzsuppe mit Flädle

von Rainer Strobel

Für 2 Personen

50 g Mehl
20 g flüssige Butter
1 Ei
50 ml Milch
Salz
2 EL Petersilie, gehackt
2 EL Schnittlauch, fein geschnitten
Muskatnuss
Butterschmalz
400 g frische Waldpilze
100 g Speck
1 kleine Zwiebel
Butter
Pfeffer
Majoran, Kümmel, gemahlen
500 ml Geflügelbrühe

Zubereitung

1 Aus Mehl, flüssiger Butter, Ei, Milch und einer Prise Salz einen glatten Pfannkuchenteig rühren. Je 1 EL Petersilie und Schnittlauch zugeben und eine Prise Muskat untermischen. In einer Pfanne mit Butterschmalz aus dem Teig dünne Pfannkuchen ausbacken und diese auskühlen lassen.

2 Pilze putzen und feinblättrig schneiden, Speck und Zwiebel fein würfeln. Den Speck in einem Topf auslassen und im ausgetretenen Fett die Zwiebelwürfel anschwitzen. Etwas Butter und die Pilze zugeben und alles anschwenken. Mit Salz, Pfeffer, Majoran und Kümmel würzen und mit Geflügelbrühe auffüllen. Alles ca. 10 Minuten kochen lassen, dann abschmecken.

3 Die Pfannkuchen aufrollen, fein schneiden und zusammen mit den restlichen Kräutern zugeben. Die Suppe anrichten und servieren.

Majoran-Leberknödelsuppe

von Vincent Klink

ZUBEREITUNG

1 Die Leber durch den Wolf drehen oder sehr fein hacken. Pfeffern und salzen.

2 Zwiebeln hellbraun anschwitzen und anschließend Knoblauch und Majoran in Butter braun braten. Alles abkühlen lassen, dann die Leber dazugeben und mit den Brötchen, Eiern, der Petersilie und der Butter locker vermengen. Die Masse sollte nicht ganz homogen sein. Die Schüssel gut abdecken und eine halbe Stunde ziehen lassen.

3 Knödel formen und in der Bouillon gar ziehen lassen. Mit Schnittlauchröllchen bestreut anrichten.

FÜR 4 PERSONEN

150 g Leber,
z.B. vom Schwein, Kalb oder Kaninchen
Pfeffer, Salz
3 Zwiebeln, fein gewürfelt
1/2 Knoblauchzehe, fein gehackt
1 EL Majoran
3 Brötchen, in feine Scheiben geschnitten
2 Eier
1 EL Petersilie, gehackt
1 TL Butter
1 l Bouillon
etwas Schnittlauch

Linseneintopf mit Mett-Enden

von Vincent Klink

FÜR 2 PERSONEN

1 Schalotte, fein geschnitten
Butter
200 g feine schwarze Linsen, über Nacht eingeweicht
1/4 l Bouillon (s. S. 40)
je 50 g Karotten, Lauch und Sellerie, fein gewürfelt
Salz, Pfeffer
Essig
2 geräucherte Würste, die so genannten Mett-Enden
1 EL Petersilie, fein gehackt
200 g Salzkartoffeln

ZUBEREITUNG

1 Die Schalotte in Butter anschwitzen, die abgetropften Linsen dazugeben. Bouillon darübergießen und ca. 15 Minuten kochen lassen. Zwischendurch mit Wasser auffüllen.
2 Dann die Gemüsewürfel zufügen und noch ca. 15 Minuten weitergaren, bis die Linsen weich sind. Mit Salz, Pfeffer und einem Spritzer Essig abschmecken. Wurst zugeben, alles erhitzen und Petersilie darüberstreuen. Mit den Salzkartoffeln servieren.

Beluga-Linsen
Die kleinen, schwarzen Linsen verdanken ihren illustren Namen dem Beluga-Kaviar. Sie schmecken nussig und behalten lange ihre Form – was der Optik des Gerichts nur guttut. Ein weiteres Plus: Die Einweichzeit ist empfehlenswert, aber kein Muss. Hat man spontan Appetit auf diese Linsen, kann man sie auch ohne Einweichzeit in etwa 25 Minuten gar kochen.

Eintopf von geschmorten Kalbsbäckchen und Linsen

von Jacqueline Amirfallah

ZUBEREITUNG

1 Die Kalbsbäckchen salzen und pfeffern und in einem Topf mit etwas Butterschmalz von allen Seiten anbraten. Die gewürfelte Zwiebel dazugeben, anschwitzen und mit 1/2 l Gemüsebrühe auffüllen. Das Lorbeerblatt zufügen und alles ca. 40 Minuten schmoren lassen.

2 In einem zweiten Topf die Schalottenwürfel mit Butterschmalz anschwitzen, Linsen zugeben und mit restlicher Gemüsebrühe auffüllen. Knoblauch und Thymian zugeben und mit etwas Salz würzen. Die Linsen in ca. 15-20 Minuten weich kochen. Gegen Ende der Garzeit die Karottenwürfelchen zugeben.

3 Die Kalbsbäckchen aus dem Fond nehmen, in mundgerechte Stücke schneiden. Das Lorbeerblatt entfernen und den Schmorfond pürieren. Die Linsen samt Flüssigkeit und die Kalbsbäckchen zugeben, alles zusammen noch 2-3 Minuten köcheln lassen, abschmecken und servieren. Dazu ein Butterbrot reichen.

FÜR 4 PERSONEN

1 kg Kalbsbäckchen
Salz, Pfeffer
Butterschmalz
1 Zwiebel, fein gewürfelt
1,25 l Gemüsebrühe
1 Lorbeerblatt
1 Schalotte, fein gewürfelt
100 g grüne Linsen
100 g Champagnerlinsen
1 Knoblauchzehe, zerdrückt
1 Zweig Thymian
1 Karotte, fein gewürfelt

Champagnerlinsen

Bei den Champagnerlinsen handelt es sich um kleine, hellbraune Vertreter der Hülsenfrüchte, die als die feinsten und elegantesten Vertreter ihrer Art gelten. Da passt der Name natürlich ausgezeichnet – auch wenn sie ihn eigentlich ihrem ursprünglichen Herkunftsgebiet, der Champagne, verdanken.

Berliner Löffelerbse

von Rainer Strobel

Für 2 Personen

200 g gelbe Erbsen
500 g gepökeltes Eisbein
1 Lorbeerblatt
Salz, Pfeffer
1 Möhre
1/2 Sellerieknolle
2 Zwiebeln
1 Stange Lauch
200 g Kartoffeln
Majoran

Zubereitung

1 Die Erbsen gut verlesen und über Nacht in reichlich kaltem Wasser einweichen.

2 Erbsen mit dem Einweichwasser in einen Topf geben, Eisbein und Lorbeerblatt dazugeben und mit wenig Salz und Pfeffer würzen. Alles aufkochen und so lange kochen lassen, bis die Erbsen weich, jedoch nicht zerkocht sind (dauert ca. 1-2 Stunden). Das Eisbein herausnehmen und das Fleisch vom Knochen ablösen.

3 Möhre, Sellerie, Zwiebeln und Lauch putzen und in kleine Würfel bzw. feine Ringe schneiden. Kartoffeln schälen und ebenfalls fein würfeln. Alles zu den Erbsen geben und nochmals ca. 15-20 Minuten kochen.

4 Zum Schluss das gewürfelte Fleisch wieder hinzugeben und alles mit Salz, Pfeffer und Majoran abschmecken.

PICHELSTEINER EINTOPF

VON OTTO KOCH

FÜR 4 PERSONEN

200 g Lammfleisch (von der Schulter)
200 g Schweinefleisch (von der Schulter)
100 g Zwiebeln
100 g Karotten
100 g Sellerie
100 g Kartoffeln
100 g Petersilienwurzel
100 g Lauch
100 g Weißkohl
1 Knoblauchzehe, gepresst
Öl zum Anbraten
100 g Speck, fein gewürfelt
Salz, Pfeffer
2 EL Petersilie, fein geschnitten
1 l Gemüsebrühe

ZUBEREITUNG

1 Alle Fleischsorten in mundgerechte Stücke schneiden. Zwiebeln schälen und grob hacken. Karotten, Sellerie, Kartoffeln und Petersilienwurzel schälen, Lauch putzen und waschen. Alles ebenfalls in mundgerechte Stücke schneiden. Vom Kohl die äußeren Blätter entfernen, den Strunk herausschneiden und die Blätter in ca. 2 x 2 cm große Quadrate schneiden.

2 Das Fleisch mit den Zwiebeln und dem Knoblauch in heißem Öl rundum kräftig anbraten. In einem großen Kochtopf Speck auslassen, eine Schicht Gemüsewürfel zugeben, mit Salz und Pfeffer würzen und mit Petersilie bestreuen. Darauf eine Schicht Fleisch geben. Erneut würzen und mit Petersilie bestreuen. So fortfahren, bis alle Zutaten aufgebraucht sind, dabei mit einer Schicht Gemüse abschließen. Die heiße Brühe angießen und den Eintopf bei 200 °C im vorgeheizten Ofen etwa 2 Stunden garen.

Rahmsuppe von Pastinaken und Petersilienwurzel

von Jacqueline Amirfallah

ZUBEREITUNG

1 Pastinaken und Petersilienwurzel schälen und in grobe Würfel schneiden.

2 Die Schalottenwürfel in einem Topf mit Butterschmalz anschwitzen, Gemüsewürfel zugeben, mit Salz und Pfeffer würzen, Gemüsebrühe aufgießen, Lorbeerblatt einlegen und ca. 20 Minuten köcheln lassen, bis das Gemüse weich ist. Kurz zuvor ein paar Gemüsewürfel herausnehmen und zur Seite legen.

3 Die Sahne hinzufügen, einmal aufkochen lassen, dann das Lorbeerblatt herausnehmen und die Suppe pürieren. Evtl. durch ein Sieb passieren. Mit Salz, Pfeffer und Muskat abschmecken.

4 Während das Gemüse kocht, Backofen auf 180 °C (Umluft) vorheizen. Dann die Hühnerbrust in vier gleich große Stücke schneiden, mit Salz und Pfeffer würzen und mit den beiseitegelegten Gemüsewürfeln auf zwei Spieße stecken. In einer Pfanne mit Butterschmalz goldbraun anbraten und im heißen Backofen noch 3-4 Minuten nachgaren. Die Suppe anrichten und den Spieß anlegen.

Pastinake

Die nährstoffreiche Wurzel, auch Moorwurzel, Hammelmöhre oder Hirschmöhre genannt, zählte bis Mitte des 18. Jahrhunderts zu den wichtigsten Grundnahrungsmitteln in Deutschland. Durch die Einführung der Kartoffel und der Karotte wurde sie allerdings ins Abseits gedrängt – wächst sie doch ungleich langsamer als ihre Konkurrenz. Während sie in den USA, England, Frankreich, Skandinavien und Ungarn schon lange wieder einen festen Platz auf den Einkaufszetteln hat, lässt sich ihr Comeback in Deutschland etwas zäher an.

FÜR 2 PERSONEN

600 g Pastinaken
600 g Petersilienwurzel
2 Schalotten, fein gewürfelt
Butterschmalz
Salz, Pfeffer
1/2 l Gemüsebrühe
1 Lorbeerblatt
1/8 l Sahne
Muskatnuss
1 Hühnerbrust
Schaschlikspieße

BORSCHTSCH

VON VINCENT KLINK

FÜR 2 PERSONEN

1 Entenbrust
Salz, Pfeffer
200 g Weißkohl
1 Rote Beete
1 Schalotte, fein geschnitten
1 Knoblauchzehe, gepresst
1/2 l Fleischbrühe
1/4 l Rote-Beete-Saft
1/2 TL Koriander, zerstoßen
1 Msp. Piment, gemahlen
etwas Zitronensaft
1 TL Speisestärke
2 TL Crème fraîche
1/2 Bund Dill
1/2 TL Meerrettich, frisch gerieben

ZUBEREITUNG

1 Die Entenbrust mit Salz und Pfeffer würzen und bei geringer Hitze auf der Hautseite ca. 15 Minuten sanft anbraten, damit das Fett austreten kann. Dazu die Haut rautenartig in feiner Schraffur einritzen, so wird sie wesentlich schneller kross und das Fett tritt fast komplett aus. Dann wenden und 5 Minuten auf der anderen Seite braten. Die Entenbrust aus der Pfanne nehmen.

2 Weißkohl in 1 cm große Würfel schneiden, Rote Beete schälen und fein reiben.
Die Schalotte und den Knoblauch in einem Topf mit etwas Entenfett anschwitzen, mit der Brühe und Rote-Beete-Saft auffüllen, Koriander und Piment zugeben und aufkochen lassen. Weißkohl und Rote Beete zugeben und 10 Minuten kochen lassen. Mit Salz, Pfeffer und etwas Zitronensaft abschmecken.

3 Stärke mit etwas Wasser anrühren und die Suppe damit binden.

4 Die Entenbrust aufschneiden und in Suppentellern anrichten, die Suppe angießen, 1 TL Crème fraîche, etwas Dill und Meerrettich daraufgeben und servieren.

BORSCHTSCH MIT RINDFLEISCH

VON VINCENT KLINK

FÜR 4 PERSONEN

1 EL Gänseschmalz
1 Schalotte, fein geschnitten
1 Knoblauchzehe, fein gequetscht
1/2 l Fleischbrühe
1/2 l Rote-Beete-Saft
1 TL Koriander, geschrotet
1 Msp. Piment
1/4 Weißkohl
1 Rote Beete
Salz, Pfeffer
2 EL Zitronensaft
1 Msp. geriebene Orangenschale
2 TL Stärke
200 g weich gekochtes, kaltes Rindfleisch in kleinen Scheiben
2 EL Crème fraîche, geschlagen
1 Bund Dill
etwas frisch gehobelter Meerrettich

ZUBEREITUNG

1 Gänseschmalz erhitzen und die Schalotte mit dem Knoblauch andünsten. Mit der Brühe und dem Rote-Beete-Saft auffüllen und Koriander und Piment dazugeben.

2 Das Weißkraut putzen, waschen und in kleine Stücke schneiden. Alles in die kochende Brühe geben und ca. 20 Minuten kochen lassen.

3 Die Rote Beete schälen, roh auf einer Raffel fein reiben und ebenfalls in die Brühe geben. 10 Minuten kochen lassen, dann mit Salz, Pfeffer, Zitronensaft und Orangenschale abschmecken und mit dem Stärkemehl, das in etwas Wasser angerührt wurde, sämig abbinden.

4 Das Fleisch im Ofen anwärmen und anschließend in Tassen anrichten. Die Suppe darübergeben und mit einem Klecks geschlagener Crème fraîche, einem Dillbüschelchen und etwas abgeschabtem Meerrettich obenauf garnieren.

Rote Beete

»Eine Geschichte, die mit einer Roten Beete anfängt, endet mit dem Teufel!« – so warnt zumindest ein altes, ukrainisches Sprichwort. Allerdings steht die ukrainische Meinung allein auf weiter Flur, denn ansonsten wird das Lieblingsgemüse Rasputins als Universalheilmittel gepriesen. Schon Hippokrates hat vor 2500 Jahren ihre Heilkraft gelobt, später zählten dann so große Namen wie Paracelsus zu ihren Befürwortern. In Deutschland allerdings findet die Rote Beete mit einem geschätzten Jahresverbrauch von nur 250 Gramm eher stiefmütterliche Beachtung. Zeit, daran etwas zu ändern!

Sauerkrautsuppe mit Koriander

von Vincent Klink

ZUBEREITUNG

1 Speck in einem Topf auslassen, im Fett die Zwiebel andünsten und mit Mehl bestäuben. Gut verrühren, den Knoblauch dazugeben und mit der Brühe auffüllen. Anschließend das Sauerkraut unterrühren.

2 Koriander und etwas Pfeffer dazugeben und alles 5 Minuten durchkochen. Zum Schluss mit etwas Salz abschmecken.

3 Zum Anrichten gibt man gehackte Petersilie darunter, die Suppe in die Teller und geröstete Brotwürfel obendrauf.

FÜR 2 PERSONEN

20 g Speck, gewürfelt
1 Zwiebel, fein gehackt
1 TL Mehl
1 Knoblauchzehe, gepresst
3/4 l Gemüsebrühe
1 Hand voll Sauerkraut (ca. 80 g)
1 TL Koriander, frisch gestoßen
grober, schwarzer Pfeffer
Salz
1 Bund Petersilie
2 Scheiben Toastbrot, gewürfelt und in 1 EL Butter geröstet

Berliner Kartoffelsuppe

von Rainer Strobel

FÜR 2 PERSONEN

500 g Kartoffeln, mehligkochend
1/2 Knolle Sellerie
2 Möhren
3 Zwiebeln
1 Stange Lauch
1 l Fleischbrühe
300 g Kassler Rücken
Salz, Pfeffer
Muskatnuss
100 g Speck
Butter
1/4 Bund Petersilie, fein gehackt

ZUBEREITUNG

1 Die Kartoffeln schälen und in Stücke schneiden. Sellerie, Möhren, 2 Zwiebeln und das Weiße vom Lauch klein schneiden. Alle Gemüsestücke in der Brühe ca. 20 Minuten weich kochen. Den Kassler Rücken ebenfalls mitkochen. Wenn alles weich ist, Kassler herausnehmen und in 2 cm große Würfel schneiden. Gemüse mit der Brühe durch ein Haarsieb drücken oder mit dem Pürierstab zerkleinern. Mit Salz, Pfeffer und Muskat würzen.

2 Die dritte Zwiebel und den Speck in feine Würfel und das Grüne vom Lauch in feine Streifen schneiden. Alles in einer Pfanne mit Butter anbraten und anschließend zusammen mit dem Fleisch in die Suppe geben. Mit frisch gehackter Petersilie bestreut servieren.

Kartoffelsuppe mit Speck und Pflaumen

von Jacqueline Amirfallah

ZUBEREITUNG

1 Die Backpflaumen für ca. 20 Minuten in Wasser einweichen. Alle Gemüse und die Kartoffeln schälen und grob würfeln. Einen kleinen Teil Gemüse beiseitelegen und für die Einlage sehr fein würfeln.
2 Die Zwiebelwürfel mit etwas Butter anbraten, die Gemüsewürfel zugeben, mit Brühe auffüllen und weich kochen. Dann die Sahne zugeben, die Suppe pürieren und durch ein Sieb passieren. Mit Senf, Pfeffer und wenig Salz abschmecken.
3 2 Pflaumen beiseitelegen, alle anderen klein schneiden. 2 Scheiben Speck ebenfalls beiseitelegen, den Rest würfeln. Pflaumen- und einige Speckwürfel anbraten und in die Suppe geben.
4 Die ganzen Pflaumen mit Speck umwickeln und braten. Das fein geschnittene Gemüse mit den restlichen Speckwürfeln braten.
5 Die Suppe in Teller geben, gebratenes Gemüse und Speck hineinlegen und die gebratenen Speckpflaumen darauf setzen. Mit Petersilie garnieren.

FÜR 2 PERSONEN

100 g Backpflaumen ohne Stein
1 Petersilienwurzel oder 1/4 Sellerieknolle
1 Möhre
300 g Kartoffeln, mehligkochend
1 kleine Zwiebel, fein geschnitten
Butter
1/2 l Gemüsebrühe
100 ml Sahne
1/2 TL Senf
Pfeffer, Salz
100 g Speckscheiben
1/4 Bund Petersilie, fein geschnitten

KARTOFFEL-PAPRIKA-SUPPE MIT AVOCADO

VON OTTO KOCH

FÜR 2 PERSONEN

300 g Kartoffeln, mehligkochend
1 grüne Paprika
Olivenöl
1 kleine Zwiebel, fein geschnitten
1 Knoblauchzehe, gepresst
1/2 l Gemüsebrühe
1 Zweig Thymian
Salz, Pfeffer
1/2 rote Paprika
1 reife Avocado
etwas Zitronensaft
2 EL Crème fraîche
3 EL Maiskörner
50 g Butterkäse, fein gewürfelt
etwas Tabasco
1/2 Baguette

ZUBEREITUNG

1 Kartoffeln schälen und in kleine Würfel schneiden. Grüne Paprika ebenfalls in kleine Würfel schneiden.
2 In einem Topf mit Olivenöl die Zwiebelwürfel und den zerdrückten Knoblauch anschwitzen. Paprika- und Kartoffelwürfel zugeben und mit der Brühe ablöschen. Thymian, Salz und Pfeffer zugeben und köcheln lassen, bis das Gemüse weich ist. Dann die Gemüsewürfel mit einem groben Sieb herausfischen. Den Thymianzweig herausnehmen.
3 Rote Paprika fein würfeln und in etwas kochendem Salzwasser blanchieren.
4 Die Avocado schälen, in Würfel schneiden und sofort mit Zitronensaft beträufeln, damit sie sich nicht verfärbt. In die verbliebene Brühe 2/3 der in Würfel geschnittenen Avocado und die Crème fraîche geben. Mit dem Mixstab die Suppe gut pürieren. Dann die gekochten Kartoffel- und Paprikawürfel sowie Mais und Käsewürfel zugeben. Die Suppe nochmals erhitzen und mit Salz, Pfeffer und Tabasco abschmecken.
5 Rote Paprika mit restlicher Avocado als Garnitur auf die Suppe geben und mit frisch aufgebackenem Weißbrot servieren.

FISCH

In Zeiten wie diesen, in denen Fisch immer mehr zur Delikatesse avanciert und die exklusivsten Restaurants sich in raffinierten Kreationen gegenseitig übertreffen, fällt es schwer zu glauben, dass Fischgerichte bis weit ins 19. Jahrhundert hinein als Arme-Leute-Essen galten. In besser situierten Kreisen stand lediglich in der Fastenzeit und an Freitagen Fisch als Zeichen von Religiosität und Demut auf dem Speiseplan.
Zum Glück haben sich diese Zeiten geändert, denn Fisch ist viel mehr als nur Fleischersatz. Nicht nur, dass Fische unglaublich vielseitig und sortenreich daherkommen – sie sind auch noch sehr gesund. Besonders Seefische punkten mit ihrem Gehalt an Jod, Vitamin D und Omega-3-Fettsäuren.
Wichtig ist jedoch, beim Einkauf auf die Frische zu achten – hier geben Haut, Flossen, Augen, Kiemen und nicht zuletzt der Geruch Aufschluss darüber, ob der Fischhändler Ihr Vertrauen zu Recht genießt.
Die Haut soll glänzend sein und keine Druckstellen aufweisen. Die Augen sollen klar, nicht milchig sein. Sind die Flossen intakt, ist das ein gutes Zeichen, sind sie dagegen beschädigt oder verklebt, deutet das auf eine lange Lagerzeit hin. Dasselbe gilt für die Kiemen: Sind sie leuchtend rot und intakt, ist der Fisch frisch, sind sie jedoch verschleimt und trübe, sollte man die Finger davon lassen. Und der Geruch? Frischer Fisch riecht nicht streng oder unangenehm, sondern frisch und einladend!

RUND UM DEN FISCH

»Es gibt mehr Fischgerichte, als ein Jahr Tage hat.«
(Altes spanisches Sprichwort)

Natürlich ist Spanien mit seinen langen Küsten am Mittelmeer, dem Atlantik und dem Golf von Biskaya geradezu prädestiniert dafür, eine überbordende Anzahl von Fischgerichten auf den Speisekarten des Landes aufzuführen – allerdings ändert dies nichts an der Wahrheit des Sprichwortes. Fisch lässt sich äußerst vielseitig zubereiten und mit den verschiedensten Aromen kombinieren, und so gibt es eine Fülle von Gründen, die Rezepte dieses Kapitels auszuprobieren. Fisch ist nämlich zudem sehr bekömmlich und steht in seiner Struktur und Art zwischen Fleisch und Gemüse. Obwohl bei einer Fischmahlzeit 10-30 % mehr Fisch als Fleisch verzehrt werden, fühlt man sich wohler und weniger beschwert.

QUALITÄTSMERKMALE KURZ UND KNAPP

1. HERKUNFT

Je kälter das Wasser ist, aus dem der Fisch kommt, desto höher ist dessen Qualität. Die besten Fische kommen aus den felsigen Küstenregionen der Kaltwassergebiete. Mittlerweile stammen etwa 15 % der Süßwasser- und der Meeresfische aus Fischfarmen und Aquakulturen, Tendenz steigend. Die wild lebenden Fische sind den gehaltenen Fischen geschmacklich vorzuziehen – allerdings auch teurer. Und viele Arten sind durch Überfischung im Bestand gefährdet.

2. EINKAUF

Der Käufer sollte sich beim Einkauf nicht nur auf seine Nase, sondern auch auf Hände und Augen verlassen.
Optische Kontrolle: Glänzt der Fisch und hat er klare Augen und rote Kiemen? Wenn ja, ist alles okay.
Druckkontrolle: Fühlt sich der Fisch fest an? Ja? Das ist ein gutes Zeichen.
Nasentest: Hat der Fisch einen frischen Geruch? Riecht er nach Meer? So soll es sein.

3. GARMETHODEN:

Die vier gängigsten Garmethoden bei der Fischzubereitung sind Dämpfen, Pochieren, Braten und Grillen.

‣ **Garen im Dampf/Dämpfen**
Hierbei legt man den Fisch in einen dafür vorgesehenen Korb, wie man ihn in jedem Asia-Laden bekommt, auf Gemüse oder gibt ihn in einen Topf mit Trennsieb. Wichtig ist, dass der Deckel während des Garvorgangs geschlossen bleibt und das Gargut nicht mit Flüssigkeit in Berührung kommt. Auf diese Weise gehen weder Geschmack noch Vitamine und Spurenelemente verloren.

‣ Garen im Fond/Pochieren
Der Fisch wird nur im eigenen Saft mit etwas Fisch- oder Gemüsebrühe, also nur in sehr wenig Flüssigkeit, bei unter 100 °C gegart. Auch hierbei handelt es sich um eine schonende Garmethode, die sich – wie auch das Dämpfen – besonders bei der Zubereitung zarter Fische eignet. Eine klassische Dämpfflüssigkeit ist ein Fond mit Wacholderbeeren, Pfefferkörnern, Lorbeerblättern und Suppengemüse, dem ein Schuss Essig beigegeben wurde. Durch die Säure verfärbt sich die natürliche Schleimschicht der Fische blau.

‣ Braten
Naturgemäß nicht ganz so kalorienbewusst wie die vorangegangenen Garmethoden, aber nicht minder klassisch – besonders wenn es in Verbindung mit in Butter gebratenen Mandelblättchen als »Müllerin Art« daherkommt.

‣ Grillen
Kommt bei Fisch fast zu selten zum Einsatz – denn ein saftig-gegrilltes Fischsteak oder aromatisch-pikante Fischspießchen sind einem schnöden Würstchen um Welten überlegen. Wenn der Fisch vorneweg auch noch mit einer Marinade zusätzliches Aroma erhalten hat, dann sind traumhafte und auch fettarme Geschmackserlebnisse garantiert.

Die klassische Sauce in der Fischküche ist die Weißweinsauce. Sie passt zu nahezu jedem pochierten oder gedämpften Fisch:

Fischsauce/Weissweinsauce

FÜR CA. 300 ML

2 Schalotten, in feine Scheiben geschnitten
200 ml trockener Weißwein
50 ml trockener Wermut
600 ml Fischfond
500 ml Sahne
50 g eiskalte Butter
Salz, Pfeffer
Zitronensaft

1 Die Schalottenscheiben mit Weißwein und Wermut zum Kochen bringen. Mit Fischfond auffüllen und auf ein Drittel einkochen lassen.

2 Die Sahne zugeben und alles auf die nötige Konsistenz, also wiederum auf ungefähr ein Drittel, einkochen lassen. Mithilfe des Stabmixers mit der kalten Butter aufmixen. Mit Salz, Pfeffer und Zitronensaft abschmecken.

Paniertes Seelachsfilet mit Kartoffel-Gurken-Salat

von Rainer Strobel

FÜR 2 PERSONEN

500 g Kartoffeln, festkochend, z.B. Selma
50 g Frühstücksspeck
1 kleine Zwiebel
1 Salatgurke
150 ml Fleischbrühe
3 EL Weißweinessig
4 EL Sonnenblumenöl
Salz, Pfeffer
1 Prise Zucker
1/2 Bund Schnittlauch, fein geschnitten
400 g Seelachsfilet, grätenfrei
2 EL Mehl
1 Ei
4-5 EL Semmelbrösel
1 Zitrone
Sonnenblumenöl zum Anbraten

ZUBEREITUNG

1 Die Kartoffeln kochen, ausdampfen lassen, anschließend pellen und in dünne Scheiben schneiden.
2 Speck und Zwiebel fein würfeln, in einer Pfanne glasig dünsten und zu den Kartoffeln geben. Die Gurke waschen, abtrocknen, mit der Schale in feine Scheiben schneiden und ebenfalls zu den Kartoffeln geben.
3 Die Brühe erhitzen, Essig, Öl, Salz, Pfeffer und Zucker untermischen und über den Salat geben. Alles vorsichtig mischen und ziehen lassen. Kurz vor dem Servieren nochmals abschmecken und mit Schnittlauch bestreuen.
4 Seelachsfilet waschen, gut trockentupfen und in Portionsstücke schneiden. Mit Salz und Pfeffer würzen, dann in Mehl wenden, durchs verquirlte Ei ziehen und zuletzt in den Semmelbröseln wenden.
Die panierten Fischfilets in einer Pfanne mit Sonnenblumenöl bei mäßiger Hitze von beiden Seiten ca. 5 Minuten goldbraun braten.
5 Fischfilets mit Salat anrichten, nach Belieben noch Zitronenspalten zum Fisch servieren.

Otto Koch nennt sein Seelachs-Rezept übrigens Matrosenschnitzel und serviert dazu Kartoffelpüree, das er mit Muskat, Butter und Sahne abschmeckt. Anstelle einer kompletten Panade legt er seinen Fisch allerdings auf ein Gemüsebett, überzieht ihn mit einer Sauce von saurer Sahne, streut darauf Semmelbrösel und gart alles im Backofen für 20 Minuten bei 200 °C.

Forellenfilet mit Zitrone und Kapern

von Otto Koch

ZUBEREITUNG

1 Kartoffeln schälen und in Salzwasser weich kochen. Abgießen und kurz vor dem Servieren in Butter schwenken.
2 Die Forelle filetieren, entgräten und die Haut abziehen. Fischfilets mit Salz und Pfeffer würzen, in Butter braten und warm stellen.
3 Zitrone filetieren und die Filets mit den Kapern in einer Pfanne mit Butter anschwitzen und kurz durchschwenken. Den Fisch auf Tellern anrichten und mit der Zitronen-Kapernbutter übergießen. Mit den in Butter geschwenkten Kartoffeln garnieren und der gehackten Petersilie bestreuen.

FÜR 2 PERSONEN

300 g kleine Kartoffeln
1 Forelle (ca. 400-500 g)
Salz, Pfeffer
Butter
1 Zitrone
3 EL Kapern
2 EL Petersilie, fein gehackt

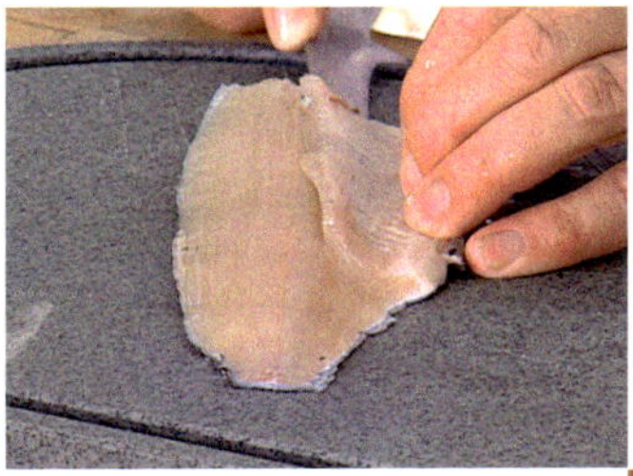

Forelle blau aus dem Film »Der Forellenhof«

von Vincent Klink

Für 2 Personen

1 Zwiebel
1 Nelke
1 Lorbeerblatt
1/2 l Wasser
1/2 l Weißwein
1/2 Bund Petersilie
Saft von 1/2 Zitrone
1/2 Lauchstange
etwas Selleriegrün
Salz, Pfeffer
2 Bachforellen

Zubereitung

1 Die Zwiebel mit Nelke und Lorbeerblatt spicken. Dazu die Zwiebelhaut abschälen und das Lorbeerblatt mit der Gewürznelke an der Zwiebel festdrücken. Wasser, Weißwein, Petersilie, Zitronensaft, Lauchstange und Selleriegrün in einen Topf geben. Der Topf sollte so groß sein, dass die Forellen der Länge nach hineinpassen. Diesen Sud zum Kochen bringen und mit Salz und Pfeffer würzen.

2 In der Zwischenzeit die Forellen richten. Vom Fischhändler kommend, sollten sie bereits ausgenommen sein. Die Forellen gut auswaschen, in den kochenden Sud geben und sie darin höchstens 10 Minuten ziehen lassen. Zu den Forellen Blau passen Salzkartoffeln mit Petersilie.

Der Forellenhof

Der Forellenhof war eine achtteilige, in schwarz-weiß gedrehte Familienserie aus dem Jahr 1965, die in einem Landhotel am Fuße des Schwarzwaldes spielte und zu einem echten Fernseh-Klassiker avancierte, der noch 40 Jahre später eine große Fangemeinde hinter sich versammelt. Das Hotel, in dem die Serie gedreht wurde, existiert übrigens noch immer und wurde sogar in »Waldhotel Forellenhof« umbenannt – ob die Forellen aber nach Serien-oder Hotel-Rezept zubereitet werden, ist leider nicht bekannt.

Mandelforelle mit gratiniertem Rahmwirsing

von Vincent Klink

Für 2 Personen

2 Forellen
Salz, Pfeffer
1 kleine Zwiebel
1/2 Karotte, grob gewürfelt
1 Lorbeerblatt
400 g Wirsing
150 g Champignons
2 Schalotten, fein geschnitten
Butter
100 ml Gemüsebrühe
2 Eier
100 ml Sahne
100 g Bergkäse, gerieben
Muskatnuss
1/8 l trockener Weißwein
Butterschmalz
1 EL Mandelblättchen
1 EL kalte Butterflocken

Zubereitung

1 Die Forellen mit einem scharfen Messer filetieren. Die Karkassen in einen Topf geben, mit Wasser bedecken und mit Salz und Pfeffer würzen. Die Zwiebel grob würfeln, Karottenwürfel und Lorbeerblatt zugeben und 20 Minuten köcheln lassen. Anschließend durch ein feines Sieb passieren.

2 Wirsing in Streifen, Champignons in feine Scheiben schneiden. 1 Schalotte in einem Topf mit Butter anschwitzen, Pilze und Wirsing zugeben, mit Salz und Pfeffer würzen, mit Gemüsebrühe ablöschen und 10 Minuten dünsten.

3 Die Eier verquirlen, mit Sahne und Käse mischen und mit wenig Salz, Pfeffer und Muskat abschmecken. Die Wirsingstreifen mit den Pilzen in eine gefettete Auflaufform geben und mit der Sahne-Mischung übergießen. Im 180 °C heißen Ofen ca. 20 Minuten garen.

4 Die Fischfilets mit Salz und Pfeffer würzen und in einer Pfanne mit Butterschmalz von beiden Seiten jeweils 1 Minute braten, dann aus der Pfanne nehmen und zur Seite stellen.

5 Die zweite Schalotte in der Fischpfanne mit etwas Butter glasig anschwitzen, mit 3 EL Forellensud ablöschen, diesen vollständig einkochen und Weißwein angießen. Den Weißwein um die Hälfte einkochen. In der Zwischenzeit die Mandeln in einer Pfanne ohne Fett anrösten, zur Sauce geben, abschmecken und mit kalten Butterflocken binden, bis sie sämig ist.

6 Die Fischfilets auf Teller geben und mit der Sauce übergießen. Den gratinierten Wirsing dazu reichen.

Beilagen-Variante Erbspüree

ZUBEREITUNG

1 Die Erbsen über Nacht in reichlich Wasser einweichen. Das Einweichwasser abschütten und die Erbsen mit der Brühe in einen Topf geben und ca. 45 Minuten weich kochen. Eventuell Wasser nachgießen. Dann die Erbsen durch die »Flotte Lotte« oder ein Sieb streichen.

2 In einem Topf mit Butter die Zwiebelwürfelchen und den Knoblauch anschwitzen, Erbspüree zugeben und erwärmen. Thymian untermischen und mit Muskat, Pfeffer und Salz abschmecken.

FÜR 2 PERSONEN

200 g getrocknete grüne Erbsen
ca. 1/2 l Gemüsebrühe
Butter
1 Zwiebel, fein geschnitten
1 Knoblauchzehe, gepresst
1 TL Thymianblättchen
Muskatnuss
Pfeffer, Salz

Die Forelle

Genießer unterscheiden bei dem räuberischen Süßwasserfisch zwischen Bach- und Regenbogenforelle. Erstere ist unter Gourmets ganz besonders begehrt – doch meistens wird nur noch die Regenbogenforelle serviert, die an ihrem metallisch-rot leuchtenden, längs verlaufenden Band erkennbar ist. Diese aus Amerika eingeführte Art ist robuster und größer, aber leider nicht ganz so fein. Außerdem ist die Regenbogenforelle nicht ganz unschuldig daran, dass die sensiblere Bachforelle so selten geworden ist.

Fischstäbchen mit Pommes

von Vincent Klink

FÜR 2 PERSONEN

300 g Rotbarschfilet
2 Eier
1 trockenes Brötchen, fein gewürfelt
1 EL Salbei, fein geschnitten
3 Msp. Koriander, geschrotet
1 Msp. Muskatblüte
Pfeffer, Salz
2 EL Mehl
100 g Semmelbrösel
Butterschmalz zum Ausbacken
5 große Kartoffeln, mehligkochend
1 l Olivenöl

ZUBEREITUNG

1 Das Rotbarschfilet durch den Wolf drehen und mit 1 Ei, Brötchenwürfeln, Salbei, Koriander und Muskatblüte vermischen. Mit Pfeffer und Salz abschmecken. Die Masse auf ein Blech streichen und rechteckige Stäbchen ausschneiden.

2 Für die Panade einen Teller mit Mehl, einen Teller mit verquirltem Ei (man kann etwas Wasser oder Sahne dazugeben) und einen Teller mit Semmelbröseln bereitstellen. Die Stäbchen in Mehl wenden und leicht abklopfen, dann durch das Ei ziehen, abtropfen lassen und sofort in den Semmelbröseln wenden. Die Fischstäbchen in einer Pfanne mit Butterschmalz von allen Seiten braten.

3 Für die Pommes die Kartoffeln schälen, erst in zentimeterdicke Scheiben schneiden und dann in Stifte. Die Kartoffelstifte gut wässern, absieben und zum Trocknen auf ein Küchentuch legen.

Der Rotbarsch

Der Rotbarsch heißt auch Goldbarsch – und kommt meist bereits filetiert in den Handel. Da er auch viel besser schmeckt, als er ausschaut, ist das kein großer Verlust, obwohl er mit seiner Länge von bis zu 1 m und seinem Gewicht von bis zu 15 kg eine durchaus eindrucksvolle Erscheinung sein kann. Er ist in den Tiefen des Nordatlantiks zu Hause und wird deshalb auch mit der von Tierschützern kritisierten Grundschleppnetz-Technik gefischt.

Muskatblüte und Muskatnuss

Die Muskatnuss ist der Kern der aprikosenähnlichen Frucht des Muskatbaumes, der hauptsächlich in Indonesien wächst. Außer der Nuss findet auch die Muskatblüte in der Küche Verwendung. Sowohl ihr Geruch als auch ihr Geschmack sind stark aromatisch, dabei allerdings noch ein wenig feiner als bei der Nuss. Die Muskatblüte – das ist der Samenmantel, der zwischen Fruchtfleisch und Nuss liegt, also gar keine Blüte ist – wird besonders gerne, wie auch hier, in Fischgerichten verwendet. Bei der Ernte ist sie noch leuchtend rot; luftgetrocknet wird sie nicht nur horn- und wachsartig, sondern auch bernsteinfarben. Sie kommt entweder ganz oder pulverisiert in den Handel.

4 Olivenöl in einem Topf heiß werden lassen. Mit einem Stückchen roher Kartoffel die Temperatur prüfen. Wenn dieses Stückchen zu backen anfängt, hat das Öl die richtige Temperatur. Dann das Stückchen wieder herausnehmen und ein paar Kartoffelstifte hineingeben. Die Pommes ausbacken, bis sie gar, aber noch hell sind. Dann herausnehmen und abtropfen lassen. Das Ganze wiederholen, bis alle Kartoffelstifte gegart sind.

5 Dann das Öl etwas höher erhitzen und die Pommes nochmals nach und nach ausbacken, bis sie hellbraun sind. Auf Küchenkrepp abtropfen lassen, auf ein Blech legen und im Backofen bei 50 °C warm halten, bis alle Pommes ausgebacken sind. Anschließend in eine Schüssel geben und mit Salz bestreuen. Mit den Fischstäbchen servieren.

LACHSFILET MIT KARTOFFELKRUSTE AUF SAUERKRAUT

VON RAINER STROBEL

FÜR 2 PERSONEN

1 Apfel
2 Schalotten, fein geschnitten
Butter
400 g Sauerkraut, frisch aus dem Fass
200 ml trockener Weißwein
Salz, Pfeffer, Zucker
1 Lorbeerblatt
2 Wacholderbeeren
150 ml Sahne
400 g Lachsfilet
2 Kartoffeln, mehligkochend
1 EL Senf
Olivenöl
100 g weiße kernlose Trauben, halbiert
1 TL Honig

ZUBEREITUNG

1 Den Apfel schälen und in feine Würfel schneiden. In einem Topf die Schalotten und Apfelwürfel mit Butter anschwitzen, das Sauerkraut zugeben und mit Weißwein ablöschen. Mit Salz, Pfeffer und Zucker würzen, Lorbeerblatt und Wacholderbeeren zugeben und bei geringer Hitze ca. 30 Minuten mit geschlossenem Deckel kochen. Dann die Sahne zugeben und bei offenem Deckel die Flüssigkeit auf ein Drittel einkochen lassen.

2 Das Lachsfilet in zwei Teile schneiden und die dunkle Haut-Fett-Schicht entfernen. Die Kartoffeln schälen, grob raspeln und sehr gut ausdrücken. Mit Salz und Pfeffer würzen. Den Lachs auf einer Seite mit Senf bestreichen und die Kartoffelmasse darauf fest andrücken. Die Lachsscheiben in einer Pfanne mit Olivenöl auf der Kartoffelseite bei geringer Hitze ca. 5 Minuten langsam goldbraun braten, dann wenden und noch 2-3 Minuten braten.

3 Vor dem Anrichten die halbierten Weintrauben zum Kraut geben und mit Honig abschmecken.
Das Kraut auf Teller geben und das Lachsfilet darauf anrichten.

Heilbutt in Pernod

von Vincent Klink

FÜR 2 PERSONEN

2 EL Butter
2 Scheiben Heilbutt (à 200 g)
1/4 Stange Lauch, in Ringe geschnitten
Salz, Pfeffer
1 Salbeiblatt, fein gehackt
1/8 l Gemüsebrühe
1 cl Pernod
30 g kalte Butterflocken

ZUBEREITUNG

1 Die Butter in einer Pfanne vorsichtig erhitzen und den Heilbutt von beiden Seiten je 5 Minuten zusammen mit dem Lauch, Salz, Pfeffer und dem fein gehackten Salbeiblatt dünsten. Danach herausnehmen und auf eine Platte geben, zur Seite stellen.

2 Den ausgetretenen Fischsaft in der Pfanne mit der Gemüsebrühe aufgießen und um die Hälfte reduzieren. Den Pernod dazugeben, die Flüssigkeit aufkochen und mit den Butterflocken abbinden.

3 Die Heilbuttsteaks noch mal in der Sauce erhitzen und anrichten. Als Beilage passen Kartoffeln.

Der Heilbutt

Frischer Heilbutt ist, da ebenfalls selten geworden, eine ausgesprochene Delikatesse. Er ist der größte unter den Plattfischen und kann 4 m lang und 300 kg schwer werden. Geangelt werden allerdings die kleineren Exemplare von bis zu 1,5 m Länge und einem Gewicht um die 50 kg. Im Nordatlantik wird ein nicht näher verwandter Plattfisch irreführenderweise als Schwarzer Heilbutt feilgeboten – sein Fleisch ist jedoch weitaus weniger wohlschmeckend und deutlich fetter.

Kabeljau in Senfsauce aus Schleswig-Holstein

von Otto Koch

Für 2 Personen

400 g Kartoffeln
Salz
250 ml Fischfond
100 ml Weißwein
250 ml Sahne
2 Kabeljaufilets (à 180 g)
Butter
1 EL Blattpetersilie, fein gehackt
3 TL scharfer Senf
40 g kalte Butter
Pfeffer

Zubereitung

1 Die Kartoffeln schälen, vierteln und in Salzwasser weich kochen.
2 Fischfond und Weißwein um die Hälfte einkochen, dann die Sahne zugeben und nochmals etwas einkochen.
3 Die Fischfilets entgräten, salzen und in einem Topf mit Siebeinsatz dämpfen.
4 Die Salzkartoffeln abschütten, abtropfen und in einer Pfanne mit Butter anschwenken, mit Petersilie bestreuen.
5 Die Sauce mit Senf abschmecken, die kalte Butter unterarbeiten, mit Salz und Pfeffer abschmecken. Vor dem Servieren kurz aufmixen. Kabeljau anrichten, mit der Senfsauce übergießen und die Kartoffeln dazu servieren.

Der Kabeljau

Der Kabeljau kann auch Dorsch heißen und ist immer noch derselbe, allerdings im jugendlichen Alter, denn nur die erwachsenen Fische heißen Kabeljau. Bis ca. 1970 galt der Kabeljau als der am weitesten verbreitete Fisch der Welt. Dies und seine gute Fischbarkeit mögen mit dazu geführt haben, dass der Kabeljau sehr unter Überfischung gelitten hat. Der Kabeljau ist ein hervorragender Speisefisch; sein weißes, fettarmes Fleisch ist für fast alle Zubereitungsarten geeignet.

Pochierter Kabeljau mit karamellisiertem Fenchel

von Jacqueline Amirfallah

FÜR 2 PERSONEN

1/2 l Fischfond
20 ml Weißwein
1 Zwiebel
6 Zweige Estragon
2 Kabeljaufilets (à 150 g)
2 kleine Fenchelknollen mit Grün
Butter
Salz
Zucker
1 EL kalte Butterflocken
Pfeffer

ZUBEREITUNG

1 Den Fischfond mit dem Weißwein in einem Topf zum Sieden bringen, 1/2 Zwiebel, 4 Zweige Estragon sowie die Kabeljaufilets einlegen und ca. 10 Minuten pochieren. Der Fond soll dabei nicht aufkochen, sondern knapp unter dem Siedepunkt bleiben.

2 Den Fenchel putzen und auf einer Aufschnittmaschine oder mit einem scharfen Messer in feine Scheiben schneiden. Das Fenchelgrün fein hacken. Die restliche 1/2 Zwiebel fein schneiden und in einer Pfanne mit Butter anschwitzen. Fenchel zugeben und anschwenken, salzen und mit etwas Zucker bestreuen. Wenn der Zucker geschmolzen ist, mit ca. 60 ml Pochierfond ablöschen und weich dünsten. Zum Schluss das Fenchelgrün untermischen.

3 Den Kabeljau aus dem Fond nehmen und warm stellen. Den Fond passieren, um die Hälfte reduzieren, mit kalter Butter binden und den restlichen gehackten Estragon untermischen. Die Sauce mit Salz und Pfeffer abschmecken und zum Kabeljau mit Fenchelgemüse servieren.

Seezunge mit Feigen und Zitronen gebraten

von Jacqueline Amirfallah

FÜR 2 PERSONEN

2 Seezungen
2 violette Feigen, vollreif
1 Zitrone, unbehandelt
2 Lauchzwiebeln
50 g Zuckerschoten
Salz
Butterschmalz
brauner Zucker
etwas Mirin (Reiswein)
200 ml Fischfond
1 TL kalte Butterflöckchen

ZUBEREITUNG

1 Die Seezungen abziehen und filetieren. Die Feigen vierteln, Zitrone in feine Scheiben, Lauchzwiebeln in feine Ringe und die Zuckerschoten in schräge Streifen schneiden.
2 Die Fischfilets salzen und in Butterschmalz anbraten, Feigen und Zitronenscheiben zugeben und fertig braten. Kurz vor Schluss die Lauchzwiebeln und Zuckerschoten untermischen und kurz anschwenken. Alles mit Salz, Zucker und Mirin würzen, aus der Pfanne nehmen und den Bratensatz mit dem Fischfond ablöschen.
3 Kalte Butterflöckchen mit dem Schneebesen einrühren und die Sauce damit montieren. Den Fisch und das Gemüse wieder in die Sauce geben und anrichten. Dazu passt gut Basmatireis.

Die Seezunge

Die Seezunge ist unser Ausreißer in diesem Kapitel, wird sie doch weniger mit Hausmannskost als vielmehr mit Haute Cuisine in Verbindung gebracht. Sie gehört zu den begehrtesten und teuersten Speisefischen und ist, ebenso wie die Scholle, ein Plattfisch, der in der Nordsee, im Atlantik, im Mittel- und im Schwarzen Meer beheimatet ist. Ihr Fleisch ist fest und sehr geschmacksintensiv, oft wird sie allerdings mit der nicht so wertvollen Rotzunge verwechselt.

ZANDERFILET SPREEWÄLDER ART

VON RAINER STROBEL

ZUBEREITUNG

1 Das Wurzelgemüse in feine Streifen schneiden und in einer Pfanne mit Butter anschwenken. Den Zander mit Salz und Pfeffer würzen, auf das Wurzelgemüse geben und 6 -7 Minuten dünsten lassen. Anschließend den Fisch herausnehmen und warm stellen.

2 Die Pfanne mit dem Wurzelgemüse mit Weißwein und Sahne auffüllen und etwas einkochen. Dann den fein geschnittenen Dill, geriebenen Meerrettich und Zitronensaft dazugeben, mit Salz und Pfeffer abschmecken. Den Zander auf dem Teller anrichten und mit der Sauce übergießen. Als Beilage schmecken kleine Butterkartoffeln.

FÜR 2 PERSONEN

200 g Wurzelgemüse
(Lauch, Karotten, Sellerie)
20 g Butter
400 g Zanderfilet
Salz, Pfeffer
100 ml Weißwein
100 g süße Sahne
2 EL frischer Dill,
fein geschnitten
20 g frischer Meerrettich,
gerieben
Saft von 1 Zitrone

Maischolle mit Nordseekrabben

von Jacqueline Amirfallah

FÜR 2 PERSONEN

2 Maischollen
700 g dicke Bohnen
Salz
Saft von 1/2 Zitrone
etwas Mehl
geklärte Butter
150 g Nordseekrabben
2 TL Dill, gehackt

ZUBEREITUNG

1 Die Maischollen waschen und den Grätensaum sowie den Kopf mit einer Schere abschneiden. Den Rogen vorsichtig herausnehmen.
2 Die dicken Bohnen putzen, blanchieren und die kleine Hülle über den Bohnenkernen entfernen.
3 Die Scholle salzen, nach Belieben mit etwas Zitronensaft beträufeln und in Mehl wenden, das überschüssige Mehl abklopfen und die Schollen in geklärter Butter von beiden Seiten goldbraun braten. (Falls die Schollen dicker sind, noch kurz im Backofen nachgaren.)
4 Die dicken Bohnen und die Krabben in die Fischpfanne geben und in der Butter warm werden lassen. (Auf keinen Fall zu heiß, da sich sonst das Eiweiß zusammenzieht und die Krabben fest werden.) Dill dazugeben und einmal durchschwenken. Die Schollen mit den Krabben anrichten und mit neuen Kartoffeln oder Pellkartoffeln servieren.

Maischolle

Die Maischolle ist nicht etwa ein besonderer Zweig der großen Schollen-Familie, sie verdankt ihren Namen lediglich der Tatsache, dass die im Winter gelaichten Exemplare im Mai noch sehr jung und klein sind – und damit auch am delikatesten. Entgehen sie dem Fang, können Schollen auch schon mal über 40 Jahre alt werden und an die 7 kg wiegen.
Schollen sind in Nord- und Ostsee, aber auch im Atlantik und Mittelmeer zu Hause.

FINKENWERDER MAISCHOLLE

VON RAINER STROBEL

FÜR 2 PERSONEN

1/2 Bund Blattpetersilie
2 Schollen (à 350–400 g)
Salz, Pfeffer
Saft von 1/2 Zitrone
2 EL Mehl
60 g Frühstücksspeck
3 EL Butterschmalz
2 TL Worcestersauce

ZUBEREITUNG

1 Petersilie waschen, trocknen und fein hacken. Die Schollen küchenfertig putzen, abspülen und trockentupfen. Mit Salz, Pfeffer und ein paar Tropfen Zitronensaft würzen und in Mehl wenden.

2 Den Ofen auf 160 °C vorheizen. Den Speck in feine Streifen schneiden, in einer Pfanne mit Butterschmalz anbraten. Die Schollen zugeben und bei mittlerer Hitze von beiden Seiten 3 Minuten braten. Im vorgeheizten Ofen noch ca. 5 Minuten ziehen lassen.

3 Ins Bratfett der Fischpfanne Petersilie, Zitronensaft und Worcestersauce geben und alles aufkochen lassen.

4 Die Schollen anrichten, die Sauce darübergeben und servieren. Dazu passen sehr gut Salzkartoffeln.

Rotbarsch mit Kümmelkruste und Herzoginkartoffeln

von Vincent Klink

ZUBEREITUNG

1 Für die Gratinierpaste die Schalotten fein hacken und mit Semmelbrösel in heißer Butter goldbraun anrösten. Die Pfanne zur Seite stellen und so lange weiche Butter unterarbeiten, bis eine feste Paste entsteht.

2 Die Petersilie hacken, Knoblauchzehe pressen und mit Salz, Pfeffer und Kümmel unter die Paste mischen.
Die Rotbarschfilets waschen, trockentupfen, pfeffern und salzen. In einer Pfanne (mit feuerfestem Griff) in Butter von beiden Seiten jeweils 4 Minuten braten.

3 Die Fischfilets mit Semmelbröseln bestreuen und 0,5 cm dick mit der Gratiniermasse bestreichen. Nun unter die bereits glühenden Grillschlangen stellen und so lange grillen, bis die Oberfläche zu bräunen beginnt.

4 Die Kartoffeln kochen, pellen und noch heiß durch die Kartoffelpresse drücken. Mit der Butter, den Eigelb, Salz und Muskat zu einem Teig kneten. Diese Masse in beliebig kleine Teilchen formen. Am besten mittels Spritzbeutel kleine Rosetten auf ein Backblech setzen. Diese mit gequirltem Eigelb bestreichen und im Backofen bei 180 °C backen, bis sie eine goldgelbe Farbe angenommen haben.

FÜR 2 PERSONEN

Für den Rotbarsch
2 Schalotten
Semmelbrösel
weiche Butter
1 Bund Petersilie
Salz, Pfeffer
1 TL Kümmel, gemahlen
1 Knoblauchzehe
2 Rotbarschfilets (à 180 g)

Für die Kartoffeln
500 g Kartoffeln
15 g Butter
2 Eigelb
Salz
Muskatnuss

GEFLÜGEL

»Was die Leinwand für den Maler ist,
das ist Geflügel für den Koch.«
Jean Anthelme Brillat-Savarin (1755-1826)

In Zeiten von Chicken McNuggets und Vogelgrippe hat Geflügel viel von seinem einst so guten Ruf eingebüßt. Dabei hatte es diesen ganz zu Recht, denn wie Frankreichs berühmtester Gastrosoph Brillat-Savarin richtig erkannte, hat das Federvieh schon seit jeher die Fantasie der Köche beflügelt und sie zu Höchstleistungen angespornt – sei es das Haus- und Hofgeflügel oder das Federwild, wie beispielsweise der Fasan. Dass die Rezepte in früheren Zeiten gerne adlige Namenspatroninnen erhielten, weist schon darauf hin, dass lange Zeit nicht jede oder jeder in den Genuss des delikaten Fleisches gelangte.
Zwar zählt das Federvieh zu den ältesten Nutztieren der Menschheit – es wurde bereits 4000-5000 vor Chr. in Asien gehalten und auch im alten Ägypten gab es Geflügelzucht –, trotzdem blieb Geflügel lange Zeit ein Zeichen von Wohlstand und kam bei Bauern fast nie auf den Tisch. Bei den Wohlhabenden allerdings stand Geflügel bei Festivitäten immer auf der Speisekarte und bildete gleichsam den kulinarischen Höhepunkt vieler Bankette.
Zum Glück haben sich die Zeiten geändert und Geflügelfleisch ist nicht mehr nur einer kleinen elitären Schicht zugänglich, sondern allen Feinschmeckern, die das zarte, fettarme Fleisch zu schätzen wissen und auch auf die enthaltenen hochwertigen Eiweiße, Vitamine und Mineralstoffe nicht verzichten möchten.
Eines wird Ihnen sicher rasch auffallen: Bei unseren Geflügelrezepten werden wir europäisch-international und blicken nach Ungarn, Österreich und Frankreich. Aber auch hier haben wir die großen Klassiker ausgewählt, die sich bei uns größter Beliebtheit erfreuen.

Die wichtigsten Geflügelsorten im Überblick

Bresse-Huhn

Etwas Besonderes sind die Hühnchen oder auch ein Kapaun aus der Bresse. Sie werden mit einem staatlichen Zertifikat versehen und sind garantiert aus kontrollierter Aufzucht. Man erkennt sie auch an ihren blaugrauen Beinen und ihrem roten Kamm mit auffallend großen Auszackungen. Alle sind mit dem eigenen »Bresse-Label« markiert. Große Gehege und eine ausgewogene Ernährung garantieren höchste Qualität und glückliches Federvieh. Mittlerweile gibt es auch in Deutschland diverse Biozüchter, die nach den Bresse-Kriterien züchten – es lohnt sich daher, den Markt zu erforschen.

Broiler/Hähnchen

Unter diesen beiden Bezeichnungen versammeln sich Hühner beiderlei Geschlechts, mit einem Gewicht von 800–3000 g und einem Alter von 5–7 Wochen. Die heutigen Rassen sind darauf getrimmt, wöchentlich an Gewicht zuzulegen, der wichtigste Exporteur ist mit 2,5 Mio Tonnen Brasilien, dicht gefolgt von den USA. Auf dem dritten Platz, aber bereits weit abgeschlagen, liegt Kanada mit jährlich ungefähr 780.000 Tonnen.

Fasan

Fasane gehören zum Federwild, ihr Fleisch, besonders das der Weibchen, ist hell, äußerst delikat und von zartem Wildgeschmack. Im Handel sollten sie zwischen 700 und 1300 g wiegen. Das Alter der Tiere erkennt der Kenner am Brustbein. Ist es elastisch, dann ist das Tier jung. Die besten Fasane werden von November bis Dezember angeboten. Von Zuchtfasanen ist abzuraten, da sie deutlich minderer Qualität sind.

Gans

Neben der Martins- und der Weihnachtsgans, die im Ganzen erst in die Röhre und dann auf den Tisch kommen, ist besonders die Leber dieser Tiere weltberühmt. Von Tierschützern nicht ohne Grund angeprangert, ist es besonders die Gänsestopfleber, die Feinschmecker in den höchsten Tönen schwärmen lässt.

Ente

Enten, die zum Verzehr bestimmt sind, werden nach rund 2–3 Monaten geschlachtet und wiegen zwischen 1,5 und 2 kg. Beliebter als die gemeine Hausente ist die Flugente, die im Handel auch mal Barbarie-Ente heißt. Zwar fliegen auch sie in der Regel nicht mehr, sind aber etwas magerer als ihre häusliche Verwandtschaft. Wenn sie mit ungefähr 4 Monaten geschlachtet werden, wiegen sie zwischen 2 und 3 kg. Übrigens: Bei Wassergeflügel wie der Ente ist es ganz wichtig, die Drüsen am Hinterteil entfernen zu lassen – sonst können ganze Gerichte tranig und ranzig werden.

Kapaun

Die Kapaune sind gemästete und kastrierte Hähne und haben neben äußerst zartem Fleisch einen schönen Geschmack. Im Handel wiegen sie zwischen 1,5 und 2 kg – werden aber nur sehr selten angeboten.

Poularde/ Maispoularde

Poularden sind Masthühner, die mit 7–8 Monaten bei der Schlachtung deutlich älter sind als Hähnchen, aber ihre Geschlechtsreife noch nicht erlangt haben. Auf die Maispoularde trifft Brillat-Savarins Bonmot zu: Man ist, was man isst. Allerdings macht das die Tiere in diesem Fall auch äußerst zart und wohlschmeckend ...

Pute/Truthahn

Schon Aztekenkönig Montezuma hielt zahme Puten auf seinem Anwesen; 1520 kamen die Vögel nach Europa. Puten werden nach der Färbung des Gefieders und nach Gewichtsklassen unterschieden, die von 3,5–12 kg reichen können. Bei der Zubereitung ganzer Tiere sollte beachtet werden, dass eine Pute mehrere Fleischpartien besitzt, die auch unterschiedlich gefärbt sind. So besteht die Keule aus dunklem und fettreicherem Fleisch, das beim Braten nicht so schnell austrocknet. Die zarte Brust hingegen kann mit dünnen Speckstreifen belegt werden, die etwa eine halbe Stunde vor Ende der Garzeit abgenommen werden, damit die Haut auch noch knusprig werden kann.

Suppenhuhn

Das Suppenhuhn ist kein Masthuhn, sondern kommt aus dem Legebetrieb, wo es altersbedingt ausgemustert wurde. Suppenhühner wiegen zwischen 2 und 4 kg und gelten als erste Wahl, wenn es darum geht, eine gute Suppe oder einen kräftigen Fond zu kochen.

Generell gilt:

- *Beim Kauf von Geflügel lohnt es sich, für Fleisch aus einer biologischen Freilandhaltung etwas mehr zu bezahlen. Der Geschmack lässt sich mit einem wässrig schmeckenden Stück Gummi aus einer Massentierhaltung nicht vergleichen.*
- *Wenn beim Anstechen des Geflügels der austretende Saft klar ist, ist das Fleisch gar.*
- *Hals, Flügel und Karkasse werden zur Zubereitung von Saucen verwendet. Man kann diese Geflügelteile auch im Gefrierschrank sammeln, bis man genügend beisammenhat.*
- *Fettes Geflügel, wie z.B. Ente oder Gans, gibt man mit etwas Wasser in die Bratreine. So wird das überschüssige Fett aus dem Fleisch gezogen.*
- *Achten Sie bei der Verarbeitung von rohem Fleisch generell auf die Hygiene. Das bedeutet: Hände öfters mit warmem Wasser waschen, Arbeitsflächen und Geräte nach der Zubereitung mit Wasser und Spülmittel abwischen.*
- *Zum Würzen von Geflügel eignet sich fast alles: Pfeffer, Paprika, Zitronensalz, Estragon, Lorbeer, Rosmarin, Petersilie, Knoblauch und noch vieles mehr. Sie können auch frische Kräuter oder Gewürze durch einen kleinen Schnitt unter die Haut stecken. Der Kreativität sind hier keine Grenzen gesetzt.*

HÜHNERFRIKASSEE

VON JACQUELINE AMIRFALLAH

FÜR 2 PERSONEN

1 Huhn
Salz
1 TL Pfefferkörner
1 Lorbeerblatt
1 Zwiebel
150 g kleine Champignons
1 Schalotte, fein geschnitten
2 EL Butter
1 EL Mehl
40 ml Sahne
1 Eigelb
Pfeffer
1 Spritzer Zitronensaft

ZUBEREITUNG

1 Das Huhn abspülen, in einen Topf geben und mit Wasser bedecken. Salz, Pfefferkörner, Lorbeerblatt und die geachtelte Zwiebel zugeben und alles zum Kochen bringen. Das Huhn in ca. 1 Stunde gar kochen und anschließend in der Brühe auskühlen lassen.

2 Huhn aus der Brühe nehmen, das Hühnerfleisch vom Knochen lösen und alles in mundgerechte Stücke schneiden. Die Brühe durch ein Sieb passieren.

3 Champignons vierteln und kurz in Salzwasser blanchieren. Die Schalotte in einem Topf mit 1 EL Butter anschwitzen, Mehl zugeben und kurz anbraten, mit der Sahne ablöschen und alles mit dem Schneebesen gut verrühren. Mit 1/2 l passierter Geflügelbrühe aufgießen und 10 Minuten köcheln lassen. Den Topf vom Herd nehmen und 1 EL kalte Butter und das Eigelb unterrühren. Mit Salz, Pfeffer und Zitronensaft abschmecken.

4 Die blanchierten Champignons und das Hühnerfleisch zugeben und erwärmen. Dabei darauf achten, dass die Mischung nicht zum Kochen kommt, da sonst das Ei gerinnt. Sobald alles erhitzt ist, Hühnerfrikassee anrichten und zusammen mit Reis servieren.

HÄHNCHENBRUST MIT SARDELLEN GESPICKT AUF WARMEM ZUCCHINISALAT

VON OTTO KOCH

FÜR 2 PERSONEN

2 Hähnchenbrüste
10 in Öl eingelegte Sardellenfilets
Pfeffer
1 Zucchini
2 EL Olivenöl
1 EL Aceto Balsamico
Salz
Butter zum Anbraten
1 EL gehackte Petersilie

ZUBEREITUNG

1 Hähnchenbrüste enthäuten und von möglichen Sehnen befreien. Mit Hilfe eines kleinen, spitzen Messers in gleichen Abständen feine, schräge Schlitze stechen. Die Sardellen währenddessen abtropfen lassen oder auf Küchenkrepp legen, bis das Öl aufgesaugt ist. Falls Sie nur gesalzene Sardellen haben, sollten Sie diese sorgfältig waschen. Dann die Sardellen längs halbieren und vorsichtig in die Schlitze stecken. Leicht pfeffern.

2 Die Zucchini in dünne Scheiben schneiden und in dem Olivenöl kurz anbraten, bis sie auf beiden Seiten ein bisschen Farbe angenommen haben. Herausnehmen und in einem Teller mit dem Olivenöl, Aceto Balsamico, Salz und Pfeffer anmachen. Einige Minuten ziehen lassen und warm stellen.

3 Hähnchenbrüste langsam in Butter anbraten und auf dem Zucchinisalat anrichten. Gehackte Petersilie darüberstreuen und servieren.

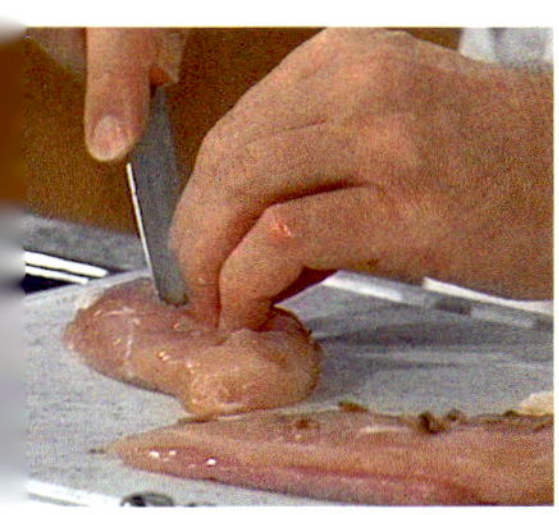

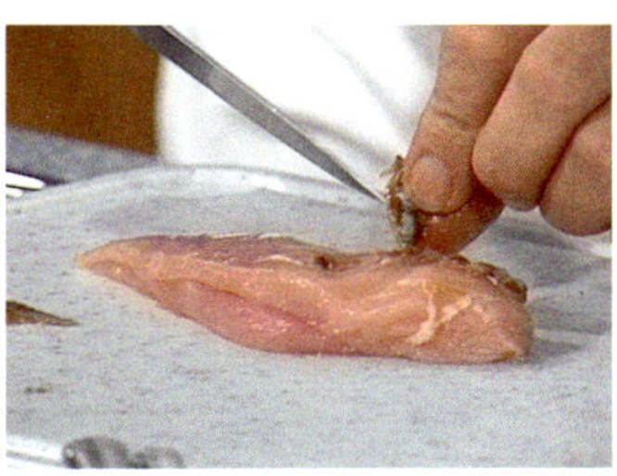

UNGARISCHES PAPRIKAHUHN

VON RAINER STROBEL

FÜR 2 PERSONEN

1 Brathuhn oder Hähnchen
Salz, Pfeffer
40 g Butter
je 1 rote und grüne Paprikaschote
1 mittelgroße Zwiebel, fein gehackt
2 Knoblauchzehen, fein gehackt
2 EL Tomatenmark
1 TL Paprika edelsüß
200 ml Hühnerbrühe
125 ml saure Sahne
Schale von 1 unbehandelten Zitrone

ZUBEREITUNG

1 Das bratfertige Huhn vierteln, salzen und pfeffern. In heißer Butter goldgelb anbraten. Durch die Butter wird das Huhn schneller braun, achten Sie aber darauf, dass sie nicht verbrennt. Wer möchte, kann auch Öl nehmen und erst nach dem Anbraten des Huhns Butter in die Pfanne geben. Das gebräunte Huhn warm stellen.

2 Die Paprikaschoten in Streifen schneiden, davon ein paar für die Garnitur beiseitelegen. Im Bratfett zuerst Zwiebel und Knoblauch anbraten, dann die Paprikastreifen zugeben. Die Pfanne kurz vom Feuer nehmen und Tomatenmark und Paprikapulver einrühren. Mit Hühnerbrühe ablöschen, die warm gestellten Hühnerteile dazugeben und alles auf kleiner Flamme zugedeckt eine halbe Stunde dünsten lassen.

3 Das Fleisch herausnehmen. Bis auf einen Rest für die Garnitur die saure Sahne in den Fond rühren, etwas Zitronenschale dazugeben und kurz aufkochen lassen. Währenddessen die beiseitegestellten Paprikastreifen in Butter anschwenken.

4 Das Fleisch auf Tellern anrichten, die Sauce über das Fleisch passieren und mit den Paprikastreifen und dem Rest saurer Sahne garniert servieren. Als Beilage passen Nudeln oder Spätzle.

Poulardenroulade mit Quitten

von Jacqueline Amirfallah

FÜR 2 PERSONEN

1 Quitte
2 EL Zucker
1 Lorbeerblatt
1 Prise Piment
2 Poulardenbrustfilets
Salz, Pfeffer
1 Eiweiß
20 ml eiskalte Sahne
2 Scheiben Speck, dünn aufgeschnitten
Butterschmalz
1 Zwiebel, fein geschnitten
30 g feine Speckwürfel
1 TL Rosmarin, fein gehackt
250 ml Hühnerbrühe
1 TL kalte Butter

ZUBEREITUNG

1 Die Quitte schälen und in Scheiben schneiden. In einen Topf geben, knapp mit Wasser bedecken und Zucker, Lorbeerblatt und Piment zugeben. In ca. 30 Minuten weich kochen, dann im Sud abkühlen und anschließend die Quittenscheiben gut abtropfen lassen. Den Sud aufheben.

2 Die Poulardenbrüste zwischen zwei Gefrierbeuteln plattieren, lose Fleischenden abschneiden und in den Kühlschrank stellen. Das plattierte Fleisch mit Salz und Pfeffer würzen.

3 Die Fleischabschnitte mit Eiweiß und eiskalter Sahne in einem Cutter zu einer Farce verarbeiten und mit Salz und Pfeffer würzen. Achtung: Ein Pürierstab sollte nicht verwendet werden! Wer auf Nummer sicher gehen möchte, kann 1 TL Farce abnehmen, diesen in etwas siedendem Wasser garen und so testen, ob die Farce hält und ob sie ausreichend gewürzt ist.

4 Die plattierten Poulardenbrüste mit der Farce bestreichen, Speck und fast alle Quitten abwechselnd darauflegen, noch mal mit Farce bestreichen, aufrollen und mit Küchengarn verschnüren. Wer mag, kann auch noch ein Mangold -oder Spinatblatt zwischen die Farce-Schichten legen.

5 Die Rouladen von allen Seiten in einer Pfanne mit Butterschmalz anbraten. Zwiebel, Speckwürfel und Rosmarin zugeben, alles anschwitzen, dann die Rouladen herausnehmen und bei 180 °C im Ofen noch ca. 10 Minuten fertig garen.

6 Zwiebeln und Speck in der Pfanne mit Quittensud und Hühnerbrühe ablöschen und um die Hälfte reduzieren, mit kalter Butter aufmontieren, noch mal mit Salz und Pfeffer abschmecken und ein paar Quittenstücke hineingeben. Die Roulade aufschneiden und mit der Sauce begießen.

Dazu passt sehr gut Mangoldgemüse oder Spinat.

Die Quitte

Die Quitte ist eine Frucht mit langer Tradition. Schon in der Antike findet sie Erwähnung und war damals sowohl Symbol für Liebe, Glück und Schönheit als auch für Fruchtbarkeit und Unvergänglichkeit. Ein wahrer Alleskönner also, dieser bis zu 6 m hohe Baum und seine Früchte. Und das Beste: Sind die gelben birnen- oder apfelähnlichen Früchte roh viel zu hart und wenig schmackhaft, entfalten sie in Gelee, Kompott und Saft ein wahrhaft köstliches Aroma. Eigentlich schade, dass der Quittenbaum fast aus den heimischen Gärten verschwunden ist, denn er ist pflegeleicht, wird kaum von Schädlingen befallen und garantiert über viele Jahre eine reiche Ernte.

COQ AU VIN

VON RAINER STROBEL

FÜR 2 PERSONEN

1 junger Hahn
1 Karotte
1 Stange Staudensellerie
1 Zwiebel
3 Knoblauchzehen, geschält
2 Lorbeerblätter
2 Zweige Thymian
2 Zweige Bohnenkraut
6-8 Pfefferkörner
0,7 l roter Burgunder
Pfeffer, Salz
50 g Butter
1 EL Mehl
6 Frühlingszwiebeln
200 g Champignons
150 g Speck
2 EL Blattpetersilie, fein geschnitten

ZUBEREITUNG

1 Den Hahn waschen, trockentupfen, halbieren, vierteln und in austerngroße Stücke zerteilen.
2 Karotte, Staudensellerie und Zwiebel putzen, schälen und in grobe Würfel schneiden. Den Hahn mit den Gemüsewürfeln, dem Knoblauch, Lorbeerblättern, Thymian, Bohnenkraut und Pfefferkörnern in eine Kasserolle geben, mit dem Burgunder begießen und über Nacht im Kühlschrank ziehen lassen. Dann die Hähnchenteile herausnehmen und die Marinade absieben, sodass Gemüse und Wein wieder getrennt sind.
3 In einem Bräter Hähnchenteile in Butter anbraten. Das marinierte Gemüse mit den Kräutern und Gewürzen hinzufügen, sachte mit Mehl bestäuben, salzen und pfeffern. Mit der Rotweinmarinade angießen und ca. 1 Stunde köcheln lassen.
4 In der Zwischenzeit Frühlingszwiebeln und Champignons putzen und halbieren. Den Speck in feine Streifen schneiden und zusammen mit den Frühlingszwiebeln und den Pilzen ca. 10 Minuten in etwas Butter dünsten.
5 Das Hähnchen mit der Pilzmischung und dem geschmorten Gemüse anrichten, mit der Bratensauce überziehen und mit Petersilie bestreut servieren. Dazu passen Kartoffeln, Nudeln oder einfach nur Baguette.

Putengeschnetzeltes mit Balsamico-Sahnesauce und Kartoffelplätzchen

von Rainer Strobel

ZUBEREITUNG

1 Für die Kartoffelplätzchen die Kartoffeln schälen und kochen. Die gekochten Kartoffeln durch die Kartoffelpresse drücken, mit Ei und 2 EL Kartoffelstärke vermischen und mit Salz und Muskat würzen. Die Kräuter untermischen und aus dem Teig kleine Plätzchen formen. Diese in einer Pfanne mit Butterschmalz goldgelb backen.

2 Das Fleisch in Streifen schneiden und mit Salz, Pfeffer und Paprika würzen. Mit 1 EL Kartoffelstärke vermischen und in einer Pfanne mit Öl scharf anbraten. Den Knoblauch zugeben, kurz andünsten und mit Aceto Balsamico ablöschen. Die Pilze zugeben, mit Sahne auffüllen und 2 Minuten köcheln lassen.

3 Die Sauce abschmecken und das Geschnetzelte mit den Kartoffelplätzchen anrichten.

FÜR 2 PERSONEN

300 g Kartoffeln
1 Ei
3 EL Kartoffelstärke
Salz, Muskatnuss
2 EL frische Kräuter, fein geschnitten
Butterschmalz
400 g Putenbrust
Pfeffer, Paprikapulver
Sonnenblumenöl
2 Knoblauchzehen, fein geschnitten
2 EL Aceto Balsamico
200 g Champignons, in Scheiben geschnitten
200 ml Sahne

WIENER BACKHENDL MIT KARTOFFEL-GURKEN-SALAT

VON OTTO KOCH

FÜR 2 PERSONEN

400 g Kartoffeln
2 Hähnchenbrüste mit Haut und Flügelknochen
Salz, Pfeffer
Paprikapulver
etwas Mehl
1 Ei
ca. 100 g frisch geriebene Semmelbrösel
Frittierfett
1/4 l heiße Fleisch- oder Gemüsebrühe
1 kleine Zwiebel, sehr fein geschnitten
ca. 2 EL Kräuteressig
1-2 EL Sonnenblumen- oder Distelöl
150 g Salatgurke
2 EL Petersilie, gehackt
1 Zitrone, in Spalten geschnitten

ZUBEREITUNG

1 Die Kartoffeln kochen, pellen und etwas auskühlen lassen.

2 Von den Hähnchenbrüsten die Haut abschneiden, den Flügelknochen jedoch dranlassen. Mit Salz, Pfeffer und etwas Paprika bestäuben, dann die Hähnchenbrüste in Mehl wenden, durch das mit 1-2 EL Wasser verquirlte Ei ziehen und in den Semmelbröseln panieren. Die Hähnchenbrüste im heißen Frittierfett in ca. 8-10 Minuten goldbraun ausbacken, dabei ab und zu wenden.

3 Die Kartoffeln in Scheiben schneiden. Mit der heißen Brühe, den Zwiebelwürfeln, dem Essig und dem Öl anmachen. Mit Salz und Pfeffer abschmecken.

4 Die Gurke hobeln oder in sehr feine Scheiben schneiden und unter den Kartoffelsalat mischen.

5 Die Hähnchenbrüste anrichten und den Kartoffelsalat dazu reichen. Mit der gehackten Petersilie bestreuen und Zitronenspalten dazu servieren.

Backhendl

Mit dem Backhendl machen wir einen Abstecher nach Österreich, wo eine Beisl (ein Wirtshaus) ohne Backhendl auf der Speisekarte völlig undenkbar ist. Aber das war nicht immer so. Noch im 19. Jahrhundert war das Backhendl im biedermaierlichen Wien das kulinarische Wohlstandssymbol der gehobenen Bürgerschicht und fand erst in der zweiten Hälfte des 19. Jahrhunderts den Weg in die Küchen aller Wienerinnen und Wiener. Als das Backhendl im 18. Jahrhundert erfunden wurde, war die Zubereitung übrigens ein wenig diffiziler. Ursprünglich wurde das Huhn nämlich vollständig entbeint und anschließend flach geklopft, um dann in einer Pfanne zubereitet werden zu können.

Entenbrust mit Walnuss-Granatapfel-Sauce

von Jacqueline Amirfallah

FÜR 2 PERSONEN

300 g Möhren
Öl
1/8 l Gemüsebrühe
150 g Basmatireis
2 Entenbrüste
2 Schalotten
50 g Walnüsse, zerdrückt
200 ml Entenfond
200 ml Granatapfelsirup
1 Granatapfel
Salz, Pfeffer
Butter

ZUBEREITUNG

1 Die Möhren schälen, in Scheiben schneiden, in einem Topf mit Öl andünsten, mit Gemüsebrühe ablöschen und weich dünsten. Den Reis kochen.

2 Die Entenbrüste auf der Hautseite rautenförmig einschneiden und salzen. In einer Pfanne ohne Fett mit der Hautseite nach unten anbraten, bis sie goldbraun sind, dann wenden, kurz Farbe annehmen lassen und im vorgeheizten Backofen bei 180 °C in ca. 10 Minuten fertig garen.

3 In der Zwischenzeit die Schalotten in feine Ringe schneiden und in einer Pfanne mit 1-2 EL Öl anschwitzen. Die Walnüsse zugeben, kurz anbraten und mit dem Entenfond ablöschen. Den Granatapfelsirup zugeben und alles bei starker Hitze etwas einkochen lassen.

4 In der Zwischenzeit den Granatapfel halbieren und die Kerne herauslösen. Die Sauce mit Salz und Pfeffer abschmecken und die Granatapfelkerne zufügen.

5 Unter die Möhren einen Teelöffel Butter mischen und abschmecken. Die Entenbrust aufschneiden, anrichten und die Sauce angießen. Dazu die Möhren und den Reis servieren.

Martinsgans mit Maronensauce und Rotkohl

von Jacqueline Amirfallah

FÜR 2 PERSONEN

600 g Kartoffeln, mehligkochend, z.B. Virginia oder Anni
1 kleiner Rotkohl
1 Gemüsezwiebel
Schmalz
1 Lorbeerblatt
etwas Apfelessig
etwas Rübenkraut (Zuckerrübensirup)
1 Prise Zimt
Salz, Pfeffer
1 Gänsebrust
2 Zweige Beifuß
1 Apfel
1 Schalotte, fein geschnitten
200 ml Sahne
200 ml Geflügelbrühe
50 g Butter
6 Maronen, geschält und gekocht

ZUBEREITUNG

1 Für die Klöße 200 g Kartoffeln kochen, pellen und etwas ausdampfen lassen.
2 Den Rotkohl und die Gemüsezwiebel in feine Streifen schneiden. Dann die Zwiebel im Schmalz anbraten, Rotkohl und ein Lorbeerblatt zugeben. Wenn der Kohl zusammengefallen ist, mit Apfelessig ablöschen, etwas Rübenkraut zugeben. Alles 1 Stunde köcheln lassen und mit Zimt, Salz und Pfeffer abschmecken.
3 Die Gänsebrust salzen und pfeffern. In einen kleinen Bräter oder eine Pfanne mit hohem Rand 1/2 Tasse gesalzenes Wasser angießen, die Gänsebrust mit der Hautseite nach unten einlegen und Beifußzweige dazugeben.
4 Im vorgeheizten Backofen bei 200 °C (Umluft) ca. 30 Minuten garen, dann drehen, sodass die Hautseite oben liegt. Nun den geschälten und geviertelten Apfel und die Schalotte zugeben und noch ca. 15- 20 Minuten weitergaren. Dabei immer wieder etwas Bratflüssigkeit über die Brust gießen.

5 Die Brust herausnehmen und warm stellen, das Fett abgießen. Den Bratensatz mit Sahne und Geflügelbrühe lösen, die Beifußzweige herausnehmen und den Rest pürieren. Die Sauce mit 50 g kalter Butter montieren, die Maronen zugeben und abschmecken.

6 Die restlichen Kartoffeln schälen, roh fein reiben und eventuell durch ein Küchentuch gut ausdrücken. Die Stärke, die sich in der ausgedrückten Flüssigkeit abgesetzt hat, zu den geriebenen Kartoffeln geben, ersatzweise kann man auch 1 EL Kartoffelstärke nehmen. Die gekochten Kartoffeln noch warm durch die Presse drücken, mit der rohen Kartoffelmasse mischen, salzen und pfeffern. Aus dem Kartoffelteig Klöße formen, diese in siedendes Salzwasser gleiten lassen und ca. 15 Minuten garen.

7 Die Gänsebrust mit dem Rotkraut, den Knödeln und der Sauce anrichten.

Martinsgans

»Die Gänse haben St. Martin verraten, drum müssen sie jetzt im Ofen braten!« *Ob dieser Volksweisheit auch harte Fakten zugrunde liegen, kann nicht mehr zweifelsfrei bewiesen werden. Fest steht allerdings, dass jedes Jahr am 11. 11. nicht nur die fünfte Jahreszeit Einzug hält, sondern auch die Martinsgänse im Ofen brutzeln. Doch nicht nur die Martinsgans ist von beinahe legendärem Ruf, auch von anderen Gänsen weiß der kultivierte Genießer Historisches zu berichten: Als Königin Elizabeth I 1588 die Nachricht erhielt, dass der Sieg über die spanische Armada errungen war, orderte sie zur Feier des Tages eine mit Äpfeln gefüllte Weihnachtsgans.*

Fleisch- und Wild-gerichte

Mit den Fleisch- und Wildgerichten kommen wir zum Herzstück unseres Kochbuchs – wie sollte es rund um das Thema Leibgerichte, Klassiker und Hausmannskost auch anders sein? Denkt man an die Lieblingsrezepte der Kindheit und an festliche Anlässe, dürfen Rezepte für den Festtagsbraten nicht fehlen. Doch auch einfachere Gerichte wie Fleischküchlein oder Maultaschen haben in diesem Kapitel ihren Platz gefunden. Gerade die einfachen Gerichte sind es nämlich, die viel zu oft lieblos dargeboten werden und dadurch viel von ihrem einst so guten Geschmack eingebüßt haben. Das soll wieder anders werden – mit unseren Rezepten. Allerdings: Was nützt der gute Wille, wenn das Fleisch schwach ist? Damit ist natürlich die Fleischqualität gemeint, denn die besten Rezepte schmecken nicht, wenn die Qualität des Fleisches zu wünschen übrig lässt. Gerade beim Fleischverzehr gilt deshalb: Qualität statt Quantität! Die guten Stücke von glücklichen Tieren haben ihren Preis – sie schmecken aber auch unvergleichlich viel besser als ihre bemitleidenswerten Artgenossen, die ein trauriges Dasein in der Massentierhaltung fristen. Probieren Sie es aus und Sie werden sehen, dass Sie nichts anderes mehr essen wollen!

KLEINE FLEISCHKUNDE

Lammfleisch: Es ist nicht nur das aromatischste Fleisch, sondern zudem auch noch sehr gesund und eisenhaltig. Die besten Stücke sind Rücken, Hüfte und Filet.

Rindfleisch: Zum Braten und Grillen sind Hüfte, Rücken und Filet am besten. Die Oberschale eignet sich für Rouladen, die Hüfte für Rumpsteak.

Schweinefleisch: Es sollte wegen der Trichinen niemals blutig oder medium verzehrt werden, sondern immer gut durch. Die besten Stücke sind Hüfte, Filet und Rücken.

Wildfleisch: Fettarm und intensiv schmeckend hat Wild viele Anhänger. Die besten Stücke sind auch hier wieder Hüfte, Rücken und Filet.

Generell gilt:

- Fleisch mit einem hohen Bindegewebsanteil wie der Tafelspitz ist besonders zum Schmoren und Kochen geeignet. Fleisch mit einer zarten Marmorierung schmeckt am besten kurzgebraten, z.B. Filets oder Roastbeef.

Tipp: Kurzgebratenes Fleisch sollte zudem immer im 70 °C heißen Ofen nachziehen. Nur so kann sich der Fleischsaft gut verteilen und das Fleisch wird schön saftig.

- Wer auf die Linie achtet, sollte wissen, dass Schnitzel, Filet, Steak und Lende zu den mageren Fleischstücken zählen. Einen mittleren Fettgehalt weisen Hals, dicke Schulter und Vorderhaxe auf. Einen hohen Fettgehalt hat z.B. die dicke Rippe.
- Rohes Fleisch lässt sich problemlos einfrieren. Ein Tag vor dem Zubereiten sollte es in den Kühlschrank wandern, damit es genügend Zeit hat, um aufzutauen.

Für die Qualität des Fleisches sind verschiedene Faktoren ausschlaggebend. Als Erstes ist natürlich die Mastmethode und die Tierhaltung entscheidend. Zwischen einem Stück Fleisch, das aus Massentierhaltung stammt, und dem Stück eines Tieres, das genug Auslauf und gutes Futter hatte, liegen geschmacklich tatsächlich Welten. Dennoch: Auch wenn man qualitativ hochwertiges Fleisch erstanden hat – es sollte immer gut abgehangen sein, damit es zart ist. Scheuen Sie sich also nicht, beim Metzger nachzufragen.

Wie gar ist das Fleisch?
Diese Frage beschäftigt viele Köchinnen und Köche, und während die einen ihr Steak mit einem zarten rosa Kern am liebsten mögen, mögen es die anderen durch oder blutig. Ganz sicher kann man über den Garzustand sein, wenn man mit einer Temperaturnadel in das Fleisch sticht. Allerdings ist davon eher abzuraten, denn dabei tritt der Fleischsaft aus. Besser ist daher die Prüfung per Daumendruck.
Bleu *(Blutig): schlaff, fast ohne Widerstand (40 °C Kerntemperatur)*
Saignant *(mitteldurch): leichter Widerstand (55 °C Kerntemperatur)*
À point *(auf den Punkt gegart): Kruste federt schnell zurück (65 °C Kerntemperatur)*
Bien Cuit *(gut durch): Fleisch fühlt sich fest an (70 °C Kerntemperatur)*

Jus, Beize und Marinade: Grundrezepte und viele Tipps

Manche verstehen unter Jus den reinen Fleischsaft. Wir allerdings meinen damit einen köstlichen Fond, die Grundlage für eine perfekte Sauce:

FÜR 1 L JUS BENÖTIGT MAN:

500 g fein gehackte Knochen und Parüren (überflüssige Haut und Sehnen, die vom Fleisch abgeschnitten werden)
ca. 250 g Mirepoix (in Würfel geschnittenes Röstgemüse aus Knollensellerie, Karotten, Zwiebeln und Lauch)
ca. 250 g trockener Weißwein
1 TL Tomatenmark
ca. 1,5 l Wasser oder Remouillage (Fleischbrühe)
2 angedrückte Knoblauchzehen, einige Pfefferkörner, 1 Lorbeerblatt, Wacholderbeeren, etwas Thymian und Rosmarin

ZUBEREITUNG

1 Die Knochen in einer Bratreine oder in einem großen Topf bei ca. 180 °C im Ofen oder auf dem Herd rösten, bis sie dunkelbraun sind. Wenn die Knochen bereits gebräunt sind, die Parüren und das Mirepoix zugeben. Während des Röstvorgangs die Knochen zwischendurch immer wieder, mindestens aber zweimal, mit etwas Wein ablöschen. Dabei kann man den Bratensatz mit einem Pfannenwender abkratzen. Zum Schluss das Tomatenmark zugeben und anrösten.

2 Die Knochen erst mit dem kalten Wasser oder der Remouillage auffüllen, wenn sie dunkelbraun sind. Anschließend Kräuter und Gewürze zugeben, die Jus ca. 2 Std. köcheln lassen. Fett abschöpfen, dann durch ein feines Sieb passieren und abschmecken. Doch Vorsicht: Der Grundfond für Saucen sollte nicht zu salzig sein, da die Sauce sonst nach dem Reduzieren zu salzig schmecken kann. Saucen deshalb immer erst zum Schluss würzen.

3 Sollte die Sauce noch nicht intensiv genug schmecken, können Sie sie mit einem Schuss Rotwein noch weiter einkochen lassen, nachdem Sie sie passiert haben.

4 Zum Schluss mit Salz und Pfeffer abschmecken und mit kalter Butter abbinden.

Tipps:

- *Bei der Zubereitung von Fleisch sollten Sie Knochen und Parüren immer aufheben. Daraus lässt sich eine leckere Sauce kochen. Hierbei lohnt es sich, direkt eine größere Menge an Sauce und Fond zu kochen, denn beides lässt sich wunderbar portioniert einfrieren und bei Bedarf verwenden.*

- *Bei Geflügeljus geht man wie im Rezept beschrieben vor, nimmt allerdings Geflügelknochen und verzichtet auf Wacholderbeeren und Rosmarin und nimmt auch weniger Tomatenmark.*

- *Wenn Sie eine helle Sahnesauce herstellen möchten, mischen Sie den Grundfond mit Sahne und lassen ihn dann so lange einkochen, bis ein intensiver Geschmack entstanden ist. Mit etwas Mehlbutter und Butter abbinden.*

- *Tritt Fleischsaft beim Braten aus, sollten Sie diesen immer in die Sauce geben, da er diese noch aromatischer macht.*

- *Für das Abbinden sollte die Butter immer eiskalt sein und am besten aus dem Tiefkühlschrank kommen. In kleinen Würfeln wird sie dann in die heiße Sauce gerührt. Mit Mehlbutter werden häufig die schweren und dickeren Soßen gebunden. Mit der Mehlbutter sollte man sparsam umgehen und lieber mit etwas mehr eiskalter Butter nachbinden. Mehlbutter besteht zu gleichen Teilen aus Mehl und Butter und lässt sich gut für einige Tage im Kühlschrank aufheben.*

- *Haben Sie die Sauce versehentlich auf dem Herd vergessen und ist sie nun zu salzig oder zu dickflüssig – einfach mit Wasser strecken.*

Rotweinmarinade

1 l Rotwein
1 Schuss Rotweinessig
je ca. 100 g Sellerie, Karotten, Zwiebeln und Lauch, in Würfel geschnitten
3 Zweige Thymian und Rosmarin
2 Knoblauchzehen
3 Nelken
ca. 6 Lorbeerblätter
ca. 20 Wacholderbeeren und Pfefferkörner
etwas Orangen- und Zitronenzeste (in feinste Streifen geschnittene Schale) von unbehandelten Früchten

ZUBEREITUNG

Alle Zutaten miteinander vermischen und das Fleisch ungefähr 3 Tage lang in die kalte Marinade geben und ab und zu wenden. Diese Marinade eignet sich gut für bindegewebsreiche Fleischteile wie Hals, Schulter und Brust.

Buttermilch-Beize

1 l Buttermilch
je ca. 100 g Sellerie, Lauch, Karotten, Zwiebeln, in Würfel geschnitten
etwas Orangenzeste (in feinste Streifen geschnittene Schale)
3 Nelken
5 Pimentkörner
10 Wacholderbeeren
etwa 3 Zweige Thymian und Rosmarin

ZUBEREITUNG

Alle Zutaten miteinander vermischen und das Fleisch über Nacht oder einen Tag lang einlegen.
Die Buttermilchmarinade wird gerne bei Wild genommen, sie nimmt stärkeres Wildaroma und macht das Fleisch noch zarter.

Die beste Basis einer aromatischen Wildsauce bleibt immer der selbst gemachte Wildfond. Je stärker er eingekocht wird, umso intensiver wird sein Geschmack.

Grundrezept Wildfond

FÜR CA. 1,5 L

Öl zum Anbraten
2 kg Wildknochen, gewaschen und grob gehackt
1 Zwiebel, grob gewürfelt
1 Knoblauchzehe, grob gewürfelt
1/2 Knollensellerie, grob gewürfelt
4 Möhren, grob gewürfelt
10 Pfefferkörner
2 Wacholderbeeren
2 Nelken
2 EL Tomatenmark
100 ml Portwein
1/2 l Rotwein
1 Rosmarinzweig
1 Thymianzweig
1 Salbeizweig
1,5 l Wasser
Salz

ZUBEREITUNG

1 Das Öl auf einem Blech oder in einem Schmortopf erhitzen. Die Knochen zugeben und im heißen Backofen rundherum Farbe annehmen lassen. Zwischendurch wenden.

2 Die grob gewürfelten Gemüse und die Gewürze zugeben. Ebenfalls goldbraun braten. Tomatenmark zugeben und 5 Minuten mitrösten – Achtung: Es darf nicht anbrennen. Dann mit Portwein und Rotwein ablöschen, die Kräuterzweige zugeben, alles einkochen und erkalten lassen.

3 Anschließend mit kaltem Wasser auffüllen, zum Kochen bringen und abschäumen. Im halb zugedeckten Topf ca. 2 Stunden köcheln lassen. Dann durch ein Spitzsieb gießen, leicht salzen, erkalten lassen und das Fett abheben.

FLEISCHKÜCHLE UND KARTOFFELSALAT

VON VINCENT KLINK

FÜR 2 PERSONEN

Für den Kartoffelsalat
400 g Kartoffeln, festkochend, z.B. Selma
1/8 l kräftige Fleischbrühe
ca. 1 TL Weißweinessig
2 Msp. Curry
Salz, Pfeffer
1/2 TL Feuersenf
1 kleine Zwiebel
2 EL Sonnenblumenöl

Für die Fleischküchle
je 1 Zwiebel und Knoblauchzehe
Öl zum Anbraten
1 Brötchen, altbacken
1/8 l Milch
300 g Schweinehack
1 Ei
1 EL scharfer Senf
1 TL Majoran, getrocknet

ZUBEREITUNG

1 Die Kartoffeln mit Schale in Salzwasser weich kochen, abkühlen lassen, schälen und in feine Scheiben schneiden. Mit der Brühe übergießen. Essig, Curry, 1 Msp. Salz, Senf, Pfeffer und eine fein geschnittene Zwiebel dazugeben. Mit dem Sonnenblumenöl übergießen und alles gut mischen. Den Kartoffelsalat ca. eine halbe Stunde stehen lassen und abschmecken.

2 Für die Fleischküchle 1 Zwiebel und die Knoblauchzehe klein schneiden und in Öl anschwitzen. Das Brötchen in Scheiben schneiden, mit heißer Milch überbrühen und kurz quellen lassen. Alle Zutaten miteinander vermischen. Aus der Masse Fleischküchle formen und in Öl auf kleiner Flamme braten.

KÖNIGSBERGER KLOPSE

VON RAINER STROBEL

ZUBEREITUNG

1 Das Brötchen in ca. 150 ml warmem Wasser für 10 Minuten einweichen, danach gut ausdrücken. Die Sardellenfilets fein hacken. Zwiebel und Knoblauch in einer Pfanne mit Butter anschwitzen.
2 Hackfleisch mit Zwiebel, Knoblauch, Sardellen, Ei, Petersilie und dem ausgedrückten Brötchen gut vermischen. Mit Salz, Pfeffer und Cayennepfeffer abschmecken. Mit feuchten Händen aus der Hackfleischmasse Klopse formen und diese im kochenden Salzwasser ca. 10 Minuten ziehen lassen.
3 Für die Sauce die Schalotte in einem Topf mit Butter glasig anschwitzen, mit Wein auffüllen und diesen fast einkochen lassen. Mit Brühe aufgießen, Senf und Kapern zugeben. Mit Salz und Pfeffer abschmecken und 5 Minuten köcheln lassen. Kurz vor dem Servieren die geschlagene Sahne unterziehen.
4 Die Klopse in der Sauce anrichten. Dazu Kartoffeln und einen frischen Blattsalat servieren.

Wenn Sie nur in Salz eingelegte Sardellenfilets bekommen, achten Sie darauf, das Salz sorgfältig abzuspülen, sonst besteht die Gefahr, das Essen zu versalzen.

FÜR 2 PERSONEN

1 Brötchen vom Vortag
2 in Öl eingelegte, aber gut abgetropfte Sardellenfilets
1 Zwiebel, fein geschnitten
1 Knoblauchzehe, fein geschnitten
Butter
400 g Hackfleisch, gemischt
1 Ei
1/4 Bund Petersilie, gehackt
Salz, Pfeffer
Cayennepfeffer
1 Schalotte, fein geschnitten
100 ml trockener Weißwein
1/4 l Rinderbrühe
1 TL Senf, z.B. Dijon-Senf
1 EL kleine Kapern
100 g Sahne, geschlagen

WIRSINGROULADE

VON VINCENT KLINK

FÜR 2 PERSONEN

6 große Wirsingblätter
Salz
20 g getrocknete Steinpilze
1/2 Brötchen vom Vortag
60 ml Milch
2 Schalotten, fein gewürfelt
Butter
1 TL Thymianblättchen
1 Ei
200 g Hackfleisch, gemischt
1 EL Blattpetersilie, fein gehackt
Pfeffer, Muskatnuss
40 ml trockener Weißwein
200 ml Fleischbrühe
70 ml Sahne

ZUBEREITUNG

1 Die Wirsingblätter in Salzwasser kurz blanchieren, dann in Eiswasser abschrecken und auf einem Küchenkrepp trockentupfen. Die Steinpilze 30 Minuten in lauwarmem Wasser einweichen. Das Brötchen würfeln und in Milch einweichen.

2 Die Hälfte der Schalottenwürfel in etwas Butter anschwitzen, Thymianblättchen zugeben und kurz mitbraten. Die Schalotten mit dem ausgedrückten Brötchen, dem Ei, dem Hackfleisch und der Petersilie gut vermengen. Mit Salz, Pfeffer und Muskat würzen.

3 Die Hackfleischmischung auf den Wirsingblättern verteilen und aufrollen. Mit einem Küchengarn die kleinen Päckchen verschließen.

4 Die eingeweichten Pilze ausdrücken und fein hacken. Die Wirsingrouladen zusammen mit den restlichen Schalottenwürfeln und den Pilzen in Butter rundherum anbraten. Mit Weißwein und Fleischbrühe ablöschen und zugedeckt ca. 20 Minuten lang schmoren.

5 Die gegarten Rouladen aus dem Sud nehmen und warm stellen. Sahne in die Sauce geben und reduzieren lassen. Die Sauce mit etwas Pfeffer und Salz abschmecken und zu den Wirsingrouladen servieren. Dazu passen Salzkartoffeln oder dünne Bandnudeln.

MAULTASCHEN

VON VINCENT KLINK

FÜR 2 PERSONEN

Für den Teig

200 g Mehl
3 Eier
1 TL Olivenöl
1 Prise Salz

Für die Füllung

2 alte Brötchen vom Vortag
ca. 60 ml Milch (je trockener das Brot, umso mehr Milch braucht man)
2 Zwiebeln
100 g durchwachsener Speck
1 Stange Lauch
500 g blanchierter Spinat
Butter
250 g Hackfleisch, gemischt
1 Bund Petersilie, klein geschnitten
Salz, Pfeffer
Muskatnuss
1 Ei, verquirlt

ZUBEREITUNG

1 Für den Teig: Das Mehl auf ein Holzbrett häufen und in die Mitte eine Mulde drücken. Die Eier, das Öl und eine Prise Salz hineingeben und alles miteinander vermengen, bis ein homogener Teig entsteht. Den Teig zu einer Kugel formen und 30-45 Minuten ruhen lassen.

2 Den Teig nochmals durchkneten und mit einem Nudelholz so dünn wie möglich ausrollen. Ist der Teig zu feucht, muss noch mehr Mehl eingearbeitet werden. Dafür Teig auf einer bemehlten Fläche mit einem bemehlten Nudelholz ausrollen oder einfach etwas Mehl über den Teig stäuben.

3 Für die Füllung: Die Brötchen in Scheiben schneiden und in der warmen Milch einweichen. Zwiebel-, Speckwürfel und den in Scheiben geschnittenen Lauch mit dem fein gehackten Spinat in Butter gut andünsten, etwas abkühlen lassen und alles mit einem Messer klein hacken.

4 Das Hackfleisch, die ausgedrückten Brötchen und die restlichen Zutaten – bis auf das Ei – dazugeben. Mit Pfeffer, Salz und Muskat würzen und sorgfältig vermengen. Alles muss gut durchgeknetet sein, damit die Farce eine gute Bindung bekommt.

5 Nun den ausgerollten Nudelteig auf einem bemehlten Brett ausbreiten und in ca. 10 x 10 cm große Quadrate schneiden. In der Mitte einen aprikosengroßen Kloß der Füllung platzieren, die Ränder mit etwas verquirltem Ei bepinseln und ein Teigquadrat obendrauf legen. Die Ränder gut andrücken, dann mit der flachen Hand die Maultasche platt drücken, sodass sich die Füllung bis in die Ecken verteilt.

6 Die Maultaschen nochmals mit dem Zackenrädchen schön rändeln und anschließend in leicht siedendem Salzwasser ca. 5 Minuten garen lassen.

KALBSLEBER
MIT GLACIERTEN BIRNENSPALTEN
VON RAINER STROBEL

FÜR 2 PERSONEN

500 g Kartoffeln, mehlig kochend
1/4 l Milch
Butter
Salz
Muskatnuss
400 g Kalbsleber
Pfeffer
2 EL Mehl
Butterschmalz
1 Williams-Birne
2 Zwiebeln
1 TL Puderzucker

ZUBEREITUNG

1 Die Kartoffeln schälen und in Salzwasser weich kochen, abschütten, etwas ausdampfen lassen und noch warm durch die Kartoffelpresse drücken. Die Kartoffeln sollten deshalb warm sein, weil sie sich so leichter verarbeiten lassen. Die Milch erhitzen, dann Kartoffeln, 1 EL Butter, Salz und geriebene Muskatnuss zugeben und mit einem Schneebesen zu einem Brei verrühren.
2 Die Kalbsleber von Haut und Sehnen befreien und in ca. 1,5 cm dicke Scheiben schneiden. Die Birne vierteln, schälen, vom Kerngehäuse befreien und – je nach Größe – in 6-8 Segmente teilen. Die Zwiebeln in Scheiben schneiden.
3 Die Leberscheiben mit Pfeffer aus der Mühle würzen und ganz leicht mit Mehl bestäuben, in heißem Butterschmalz sanft braten, bis sie gut gebräunt, innen jedoch noch rosa sind. Generell gilt: Nicht zu lange braten, sonst wird Leber zäh. In dem Moment, wenn die Leber anfängt, fest zu werden, ist sie innen rosa, also so, wie sie sein sollte. Dann herausnehmen und warm stellen.
4 Die Zwiebelscheiben ins Bratfett geben und leicht bräunen.
5 Puderzucker in eine extra Pfanne geben und karamellisieren lassen, Birnenspalten zufügen und leicht bräunen. Die Leberscheiben salzen und mit Zwiebeln und Kartoffelpüree sowie den Birnenspalten anrichten.

Tipp: Bei Rinder- oder Schweineleber ist es sinnvoll, die Leber über Nacht in Milch einzulegen, weil das Fleisch auf diese Weise etwas zarter wird und ein möglicher strenger Geschmack sich verringert. Da Kalbsleber von Natur aus zarter und feiner ist, ist es bei ihr nicht nötig. Für jede Leber allerdings gilt: Erst nach dem Braten salzen, sonst wird sie zäh.

Pilzknödel mit Kalbsgulasch

von Rainer Strobel

FÜR 2 PERSONEN

Für das Gulasch
500 g Kalbsschulter
2 Zwiebeln, fein gewürfelt
1-2 EL Sonnenblumenöl
Salz, Pfeffer
Paprika edelsüß
Kümmel, gemahlen
etwas abgeriebene Schale von
1 unbehandelten Zitrone
1 EL Tomatenmark
1 EL Mehl
200 ml Kalbsfond

ZUBEREITUNG

1 Die Kalbsschulter von Haut und Fett befreien und in ca. 3 cm große Würfel schneiden.

2 Die Zwiebelwürfel in Öl anschwitzen, das Fleisch zugeben und anbraten. Mit Salz, Pfeffer, Paprika, Kümmel und etwas abgeriebener Zitronenschale würzen.

3 Das Tomatenmark hinzufügen, alles mit Mehl bestäuben, gut vermengen und mit Kalbsfond auffüllen. Das Gulasch 30 Minuten köcheln lassen und danach mit Salz und Pfeffer abschmecken.

Kalb

Unter der Bezeichnung »Kalb« werden Jungrinder beiderlei Geschlechts bis zur Vollendung des ersten Lebensjahres zusammengefasst. Bis dahin liefern sie uns ein äußerst zartes, fettarmes und vielseitig verwendbares Fleisch. Feinschmecker schwören, dass die beste Qualität zwischen der vierten und der zehnten Woche erreicht wird, denn dann kommt das Fleisch von den so genannten Milchkälbern. Gut zu wissen: Wenn die Kälber mit echter Milch gefüttert wurden, dann ist ihr Fleisch weißlich-rosa. Wenn allerdings Ersatzmilch oder Schlimmeres verfüttert wurde, ist das Fleisch leicht gräulich oder rötlich. Anders verhält es sich, wenn die Kälber keine Milchkälber mehr sind. Dann deutet rötliches Fleisch auf eine eisenreiche Ernährung hin, die beispielsweise viel Grünfutter von der Weide gewährleistet. Generell lohnt es sich auch hier, beim Metzger Ihres Vertrauens etwas mehr Geld auszugeben, denn beste Qualität hat nun mal ihren Preis.
Aus der Küche ist das Kalbfleisch nicht mehr wegzudenken und Grundlage vieler Klassiker, wie zum Beispiel des Wiener Schnitzels oder des Zürcher Geschnetzelten.

4 Die Milch erwärmen, Brötchen in ganz dünne Scheiben schneiden und mit der heißen Milch übergießen. Die Schüssel mit einem Deckel verschließen und alles 10 Minuten ziehen lassen.
5 Pilze putzen und in Scheiben schneiden. Die Schalottenwürfel in einer Pfanne mit Butter anschwitzen, Pilze zugeben und so lange braten, bis sie ganz trocken sind.
6 Pilze, Kräuter und Eier zu den eingeweichten Brötchen geben, mit Salz, Pfeffer und Muskat würzen und alles gut durchkneten. Die Masse soll zusammenhalten, aber nicht matschig sein. Ist die Masse zu feucht, kann man etwas fein geschnittenes Semmelknödelbrot zugeben. Die Knödel mit feuchten Händen abdrehen und dabei richtig mit den Handflächen abreiben, damit beim Kochen keine Flüssigkeit in die Knödel eindringen kann.
7 Die Knödel im siedenden Salzwasser 8-10 Minuten gar ziehen lassen und mit dem Gulasch anrichten.

Für die Knödel
150 ml Milch
2 Brötchen vom Vortag
150 g Champignons oder frische Wald-Speisepilze
1 Schalotte, fein gewürfelt
Butter
1 EL Petersilie, fein gehackt
1 EL Schnittlauch, fein geschnitten
1–2 Eier
Muskatnuss

ZÜRCHER GESCHNETZELTES
VON OTTO KOCH

FÜR 2 PERSONEN

400 g Kartoffeln, vorwiegend festkochend, z.B. Bettina oder Christa
250 g Kalbsgeschnetzeltes (vom Filet oder aus der Oberschale)
Salz, Pfeffer
Butterschmalz
100 g frische Champignons
2 Schalotten, fein geschnitten
50 ml trockener Weißwein
100 ml Sahne
300 ml Kalbsfond
1 TL Mehlbutter (weiche Butter und Mehl zu gleichen Teilen gemischt)
2 EL Sahne, geschlagen
1/4 Bund Blattpetersilie, fein gehackt

ZUBEREITUNG

1 Die Kartoffeln halb gar kochen, anschließend pellen.
2 Das Fleisch mit Salz und Pfeffer würzen und in einer Pfanne mit Butterschmalz scharf anbraten, dann in ein Sieb geben und den Fleischsaft auffangen.
3 Die Champignons in feine Scheiben schneiden und in der Fleischpfanne mit den Schalotten anbraten. Mit Weißwein ablöschen, Sahne und Kalbsfond zugeben, auf die Hälfte einkochen und mit Mehlbutter binden.
4 Die Kartoffeln grob reiben und mit Salz und Pfeffer würzen. In eine beschichtete Pfanne geben und die Rösti auf beiden Seiten goldbraun ausbacken. Achten Sie darauf, dass die Rösti am Anfang bei niedriger Temperatur lange genug angebraten wird, denn dann hält sie besser zusammen und lässt sich leichter wenden. Das Wenden geht am besten mithilfe eines Tellers.
5 Den Fleischsaft mit der Sauce vermischen und mit Salz und Pfeffer abschmecken.
Kurz vor dem Servieren das Fleisch in der heißen Sauce erwärmen. Zum Schluss die geschlagene Sahne unterheben. Die Sauce nicht mehr kochen, da zu langes Kochen das Fleisch zäh macht und die Sauce zerfließen lässt.
6 Die Rösti halbieren und auf zwei Tellern anrichten. Das Geschnetzelte hinzufügen und mit gehackter Petersilie bestreuen.

WIENER SCHNITZEL

VON RAINER STROBEL

ZUBEREITUNG

1 Die Schnitzel nicht zu dünn klopfen (sie sollten etwa 4 mm dick sein), eventuell vorhandene Häutchen und Sehnen ganz abschneiden, damit sich das Schnitzel beim Braten nicht wölbt.

2 Für die Panade einen Teller mit Mehl, einen Teller mit dem verquirlten Ei (man kann etwas Wasser dazugeben) und einen Teller mit Semmelbröseln bereitstellen.

3 Die Schnitzel auf beiden Seiten salzen und pfeffern, in Mehl wenden und leicht abklopfen. Das Fleisch sollte nur eine hauchdünne Schicht Mehl annehmen. Die bemehlten Schnitzel durch das Ei ziehen, abtropfen lassen und sofort in den Semmelbröseln wenden. Dabei die Semmelbrösel immer leicht andrücken.

4 Die panierten Schnitzel sofort in einer heißen Pfanne mit Butterschmalz anbraten. Auf jeder Seite ca. 1 Minute braten, bis die Schnitzel auf beiden Seiten eine goldgelbe bis hellbraune Farbe angenommen haben. Der ganze Bratprozess sollte sehr zügig vor sich gehen, damit die Schnitzel saftig bleiben.

5 Das Bratfett wegschütten. Anschließend frische Butterflocken in die Pfanne geben und die Schnitzel in der frischen Butter noch mal nachbraten. Jetzt sollten die Schnitzel beziehungsweise die Panade leicht gewellt sein.

6 Die Schnitzel danach auf Küchenkrepp abtropfen lassen und anrichten. Als Beilage passen frischer grüner Salat und Kartoffelsalat. Als Garnitur nimmt man klassisch Zitronenspalten oder -hälften, in Österreich auch eingemachte Preiselbeeren, zuweilen auch Sardellenringe mit Kapernfüllung.

FÜR 2 PERSONEN

2 Kalbsschnitzel (à 150 g, aus der Kalbsnuss)
2 EL Mehl
1 Ei
100 g Semmelbrösel
Salz, Pfeffer
100 g Butterschmalz
1 EL Butter

Filetspitzen Stroganoff

von Otto Koch

FÜR 2 PERSONEN

100 g Reis
350 g Rinderfiletspitzen
1 Essiggurke
Pflanzenöl zum Anbraten
2 Schalotten, fein geschnitten
1/8 l trockener Rotwein
1/8 l dunkler Bratenfond
Salz, Pfeffer
6 kleine Karotten, am Stück blanchiert
20 g Butter
Zucker
1 EL Crème fraîche
1/4 Bund Petersilie, fein gehackt

ZUBEREITUNG

1 Reis aufsetzen und gar kochen. Rinderfiletspitzen in feine Scheiben von ca. 4 mm schneiden, Gurke in Stifte schneiden.

2 In einer heißen Pfanne Öl erhitzen und darin die Filetspitzen anbraten, Schalotten und Gurkenstreifen zugeben. Dann alles in ein Sieb geben, das auf einer Schüssel liegt, und so den Fleischsaft auffangen.

3 Den Bratensatz in der Pfanne mit Rotwein ablöschen. Bratenfond zugeben und aufkochen, mit Salz und Pfeffer abschmecken. Anschließend den in der Schüssel aufgefangenen Fleischsaft in die Sauce geben und nochmals aufkochen.

4 Die Karotten in etwas Butter glacieren, mit Zucker und Salz würzen.

5 Unter den gegarten Reis Butter und Salz mischen und in gebutterte Timbalformen, also Becherförmchen, pressen. Hat man keine Timbalformen, kann man stattdessen auch kleine gebutterte Tassen nehmen. Reistimbales auf die Tellermitte stürzen.

6 Fleisch und Sauce vermischen, um den Reis anrichten, mit Crème fraîche garnieren, mit Petersilie bestreuen und die Karotten dazu reichen.

Filetsteak mit Würzbuttervariationen

von Jacqueline Amirfallah

Für 2 Personen

300 g Butter
1 Schalotte, fein geschnitten
1 EL Thymianblättchen
1 EL Rosmarin, fein gehackt
Salz, Pfeffer
1 Tomate
1 EL Tomatenmark
1 TL Oregano
1 Knoblauchzehe, fein gehackt
2 EL gemischte Kräuter (Estragon, Kerbel, Schnittlauch, Petersilie), fein gehackt
4 Sardellen, fein gehackt
1 Spritzer Zitronensaft
1 TL Ringelblumenblütenblätter
3 Kapuzinerkresseblüten
2 Rinderfilets (à 150 g)
Butterschmalz

Zubereitung

1 Die zimmerwarme Butter in drei Stücke teilen und jeweils in eine Schüssel geben. Schalotte in etwas Butter glasig anschwitzen, Thymian und Rosmarin zugeben. Mit einem Teil Butter mischen und mit Salz und Pfeffer abschmecken.

2 Die Tomate häuten, entkernen und fein würfeln. Mit Tomatenmark, Oregano und Knoblauch mischen und mit einer Gabel unter den zweiten Teil Butter arbeiten. Mit Salz abschmecken.

3 Die restlichen Kräuter mit Sardellen und Zitronensaft mischen und unter das dritte Stück Butter arbeiten. Zuletzt Ringelblumenblütenblätter und Kapuzinerkresseblüten darunterziehen.

4 Die drei Buttermassen mit einem Spritzbeutel portionsweise auf ein Blech aufspritzen und kühl stellen. Die Rinderfilets mit Salz und Pfeffer würzen und in einer Pfanne mit Butterschmalz nach Wunsch braten.

5 Die Steaks mit den Würzbuttervariationen servieren.

Dazu passen sehr gut Ofenkartoffeln.

Roastbeef mit Beerenconfit

von Jacqueline Amirfallah

ZUBEREITUNG

1 Den Backofen auf 200 °C vorheizen. Das Fleisch mit Salz und Pfeffer würzen und von beiden Seiten in einer Pfanne mit Pflanzenöl scharf anbraten. Das Fleisch im heißen Ofen ca. 7 Minuten garen, dann aus dem Ofen nehmen und gut auskühlen lassen. Das kalte Fleisch in dünne Scheiben schneiden.

2 Die Beeren vorsichtig waschen, abtropfen lassen und die Johannisbeeren vom Stiel zupfen.

3 Schalotten in wenig Butter anschwitzen, Senfpulver unterrühren, 2/3 der Beeren und die Kräuter zugeben. Alles kurz dünsten, mit Salz und Pfeffer würzen, mit Johannisbeersaft aufgießen und 5 Minuten kochen. Anschließend durch ein Sieb passieren und die Masse mit dem Gelierzucker aufkochen. Mit Senfpulver, Essig, Salz und Pfeffer abschmecken. Die restlichen Beeren zugeben, einmal aufkochen lassen und warm oder kalt zum Roastbeef servieren.

FÜR 2 PERSONEN

300 g Roastbeef
Salz, Pfeffer
Pflanzenöl
150 g rote Johannisbeeren
150 g schwarze Johannisbeeren
150 g weiße Johannisbeeren
100 g Himbeeren
150 g Heidelbeeren
100 g Stachelbeeren
2 Schalotten, fein geschnitten
Butter
1/2 TL engl. Senfpulver
2 Zweige Thymian
1 Zweig Rosmarin
100 ml Johannisbeersaft
100 g Gelierzucker (2:1)
1 Spritzer Weißweinessig

TAFELSPITZ MIT MEERRETTICHSAUCE

VON RAINER STROBEL

FÜR 2 PERSONEN

500 g Fleischknochen vom Rind
1 TL Pfefferkörner
1 Lorbeerblatt
500 g Tafelspitz
1 Zwiebel
1 Bund Suppengemüse
2 Knoblauchzehen
50 g Butter
50 g Mehl
100 ml Sahne
50 g Meerrettich, frisch gerieben
Salz, Zucker
1 Spritzer Zitronensaft
1 Bund Schnittlauch, fein geschnitten

ZUBEREITUNG

1 Die Fleischknochen abwaschen und in einen Topf mit 3 l kochendem Wasser geben, einmal alles kurz aufkochen. Dann das Wasser abgießen und die Knochen mit kaltem Wasser aufsetzen. (Beim ersten Kochvorgang handelt es sich um das Blanchieren. Dabei werden Trübstoffe gebunden, die nach dem Aufkochen abgespült werden. Er ist unverzichtbar, um eine klare Brühe zu erhalten.) Pfefferkörner und Lorbeerblatt zugeben und zum Kochen bringen.
2 Das Fleisch abspülen, in die kochende Brühe geben und ca. 2 Stunden leicht köcheln lassen. Dabei immer wieder den entstehenden Schaum abschöpfen. Die ungeschälte Zwiebel halbieren und auf den Schnittflächen in einer Pfanne ohne Fett dunkel rösten.
3 Nach 2 Stunden die Brühe leicht salzen, Zwiebel, Suppengemüse und Knoblauch zugeben und weitere 30 Minuten köcheln lassen.
4 Für die Meerrettichsauce Butter in einem Topf schmelzen, das Mehl zugeben und leicht anschwitzen. 1/2 l Brühe vom Fleisch abschöpfen, passieren und das Mehl damit ablöschen. Alles glatt rühren und ca. 10 Minuten leicht köcheln lassen. Sahne untermischen, einmal aufkochen, dann Meerrettich hinzufügen und die Sauce mit Salz, Zucker und Zitronensaft abschmecken.
5 Den Tafelspitz aus der Brühe nehmen und quer zur Faser aufschneiden. Fleisch anrichten, mit der Sauce überziehen und mit Schnittlauch bestreuen. Dazu passen sehr gut Salzkartoffeln.

Rinderrouladen

von Rainer Strobel

Für 2 Personen

500 g Rinderoberschale
Salz, Pfeffer
3 EL grober Senf
30 g Porree
30 g Sellerie
30 g Möhren
30 g Kochschinken
30 g Gewürzgurke
30 g Frühstücksspeck
1 Zwiebel
20 g Butterschmalz
100 ml Sahne

Zubereitung

1 Das Fleisch von allen Sehnen befreien und in 6 ca. 80 g schwere Scheiben schneiden. Diese zwischen einer Folie oder zwei Gefrierbeuteln ganz dünn plattieren. Dann mit Salz und Pfeffer würzen und mit Senf bestreichen.

2 Porree, Sellerie und Möhren in dünne Streifen schneiden und auf 2 Fleischscheiben legen. Diese aufrollen und mit einem Zahnstocher fixieren.

3 Kochschinken und Gewürzgurken in dünne Streifen schneiden und auf 2 Fleischscheiben legen. Diese aufrollen und mit einem Zahnstocher fixieren.

4 Frühstücksspeck und Zwiebel ebenfalls in feine Streifen schneiden und auf 2 Fleischscheiben legen. Diese aufrollen und mit einem Zahnstocher fixieren.

5 Die Rouladen in heißem Butterschmalz rundum anbraten. Mit Sahne ablöschen und 12-15 Minuten schmoren. Den entstandenen Fond abschmecken und alles anrichten. Dazu passen gut Butternudeln.

Schön flach bekommen Sie das Fleisch am besten mit einem Platiereisen. Dafür das Fleischstück zwischen zwei Gefrierbeutel legen und mit dem Platiereisen flach klopfen. Wer kein Platiereisen besitzt, kann eine kleine Pfanne oder einen kleinen Topf mit Stiel nehmen und mit der Unterseite auf das Fleisch klopfen. Und wer das alles nicht mag, der kauft gleich fertige Rouladen beim Metzger.

UNGARISCHES KESSELGULASCH

VON RAINER STROBEL

ZUBEREITUNG

1 Die Zwiebeln und den Knoblauch schälen und in Scheiben schneiden. In einem großen Schmortopf das Schmalz zerlassen, Zwiebeln und Knoblauch darin glasig dünsten. Das Fleisch in ca. 3 cm große Würfel schneiden, zugeben und von allen Seiten anschwitzen, nicht braten. Dann das Tomatenmark einrühren, alles gut vermengen und den Topf vom Feuer nehmen.

2 Das Lorbeerblatt, Paprikapulver, etwas Zitronenschale, Kümmel, Salz und Pfeffer zugeben und mit Brühe auffüllen. Mindestens 2 Stunden köcheln lassen, damit das Fleisch schön weich wird.

3 Kartoffeln und Paprika in etwa 2 cm große Würfel schneiden und in das Gulasch geben. Die Chilischote ebenfalls dazugeben und ca. 10 Minuten weiterköcheln lassen. Abschmecken und mit Weißbrot servieren.

FÜR 2 PERSONEN

2 Zwiebeln
3 Knoblauchzehen
30 g Butterschmalz
400 g Rindfleisch (aus Wade, Bug oder Schulter)
2 EL Tomatenmark
1 Lorbeerblatt
Paprika edelsüß
Schale von 1 unbehandelten Zitrone
1/2 TL Kümmel, gemahlen
Salz, Pfeffer
1/2 l Fleischbrühe
2 Kartoffeln
1 rote Paprika
1 grüne Paprika
1 Chilischote

BÖFFLAMOTT (BOEUF À LA MODE) MIT KARTOFFELPLÄTZCHEN

VON RAINER STROBEL

FÜR 2 PERSONEN

600 g Rindfleisch (Schulter)
1/2 l Rotwein
2 EL Weinessig
100 g Sellerie
150 g Schalotten
100 g Möhren
1 Zitrone, unbehandelt
2 Knoblauchzehen
Salz, Pfeffer
2 EL Tomatenmark
1/2 l Fleischbrühe
5 Wacholderbeeren
2 Lorbeerblätter
1 Zweig Rosmarin
1 Sternanis
1 Zimtstange
1/2 TL Ingwer, frisch gerieben
15 g kalte Butter

ZUBEREITUNG

1 Das Rindfleisch zusammen mit Rotwein und Essig einlegen und im Kühlschrank 2 Tage beizen. (Wer möchte, kann das Fleisch auch in die etwas aufwändigere Marinade von Seite 106 legen.)

2 Backofen auf 160 °C vorheizen. Sellerie, Schalotten und Möhren schälen und in ca. 1 cm große Würfel schneiden. Die Zitrone waschen und ebenfalls würfeln. Knoblauch schälen und in Scheiben schneiden. Das Fleisch aus der Marinade nehmen, abtropfen lassen, mit Salz und Pfeffer würzen und in heißem Öl rundherum braun anbraten. Die Beize aufheben.

3 Tomatenmark und Gemüsewürfel, Zitrone und Knoblauch zum Fleisch geben und ebenfalls anrösten. Mit etwas Beize ablöschen und diese einkochen lassen. Dann mit der restlichen Beize und der Brühe auffüllen und im heißen Backofen 2 Stunden schmoren. 20 Minuten vor Ende der Garzeit die Gewürze und den Ingwer zugeben.

4 Eventuell noch eine weitere halbe oder dreiviertel Stunde garen, je nach Qualität des Fleisches. Böfflamot aus dem Ofen nehmen, mit Alu-Folie bedecken und an einen warmen Ort stellen, z.B. in den noch warmen Ofen bei leicht geöffneter Tür.

5 Die Sauce passieren. Diese mit der kalten Butter aufmontieren und mit Salz, Pfeffer und Zucker abschmecken.

6 Für die Kartoffelplätzchen die Kartoffeln schälen und in Salzwasser weich kochen. In der Zwischenzeit den Speck und die Zwiebel würfeln und zusammen anschwitzen. Die Kartoffeln abgießen und warm durch die Kartoffelpresse drücken. Mit Salz, Pfeffer und frisch geriebenem Muskat würzen.
7 Speck und Zwiebelwürfel, Petersilie, Ei und Mehl zu den Kartoffeln geben und alles gut vermengen. Aus der Masse Plätzchen formen, diese in einer Pfanne mit etwas Öl von beiden Seiten kurz anbraten und dann zum Fleisch und der Sauce servieren.

Dazu passen blanchierte Schalotten und Karotten.

Zucker
400 g Kartoffeln, mehligkochend, z.B. Virginia oder Anni
20 g Frühstücksspeck
1 Zwiebel
Muskatnuss
2 EL Petersilie, fein geschnitten
1 Ei
1 EL Mehl
Öl zum Anbraten

ZWIEBELROSTBRATEN MIT KARTOFFELPÜREE

VON OTTO KOCH

FÜR 2 PERSONEN

500 g Kartoffeln, mehligkochend, z.B. Virginia oder Anni
100 ml Milch
ca. 50 g Butter
etwas Salz
Muskatnuss
200 g feine grüne Bohnen
1 Knoblauchzehe, fein geschnitten
100 ml Gemüsebrühe
1 Zwiebel
Pfeffer
Paprika edelsüß
Mehl
Öl
2 Rostbraten (à 200 g, Rindersteaks aus der Lende)
Bratfett
150 ml Kalbsfond
150 ml Rotwein

ZUBEREITUNG

1 Die Kartoffeln schälen, vierteln und in Salzwasser kochen, anschließend abschütten und noch heiß durch die Presse drücken.
2 Mit einem Schneebesen heiße Milch, 1 EL Butter, Salz und Muskat untermischen und das Püree warm stellen.
3 Die Bohnen putzen, in Salzwasser kurz blanchieren, mit kaltem Wasser abschrecken und abtropfen lassen. Dann in einer Pfanne mit Butter und Knoblauch anschwitzen, die Brühe zugeben und köcheln lassen, bis diese verdunstet ist.
4 Die Zwiebel schälen, in dünne Scheiben schneiden, mit Salz, Pfeffer und Paprika würzen, mit Mehl bestäuben und in heißem Öl goldbraun ausbacken.
5 Die Fleischscheiben mit Salz und Pfeffer würzen und in einer Pfanne mit Bratfett von beiden Seiten scharf anbraten, dann ein paar Minuten bei geringer Hitze ziehen lassen. Das Fleisch aus der Pfanne nehmen und warm stellen. Den Bratensatz mit dem Fond und Rotwein ablöschen und um die Hälfte einkochen lassen.
6 Das Fleisch anrichten, darauf die Zwiebeln verteilen und mit Sauce umgießen. Bohnen und Kartoffelpüree dazu servieren.

Rindereinmaleins

Metzger und Küchenchefs kaufen nach drei Kriterien. Das erste Kriterium klärt die Geschlechtszugehörigkeit und das Alter. Es gibt: **KA** (Kalbfleisch), **JR** (Jungrindfleisch), **JB** (Jungbullenfleisch), **B** (Bullenfleisch), **O** (Ochsenfleisch), **K** (Kuhfleisch) und **F** (Färsenfleisch – also das Fleisch eines weiblichen Rinds, das noch kein Kalb geboren hat). Das zweite Kriterium klärt die Qualität des Fleisches. Hier gibt es **E**, das für erstklassig steht, und dann in absteigender Qualität die Buchstaben **U, R, O** bis **P**. **P** steht für gering. Die dritte und letzte Kategorie klärt den Fettgehalt des Fleisches von **1** bis **5**, wobei **1** für sehr mager steht und **5** für sehr fett. Und nun das Preisrätsel: Was steckt hinter KA E 1? Richtig: Es handelt sich um ein Kalbfleischstück von bester Qualität und äußerst fettarm.
Generell lässt sich sagen, dass Kühe und Bullen ein mageres, aber etwas zähes und grobes Fleisch liefern. Mastochsen, die zwischen 3 und 4 Jahre alt sind, liefern ein zartes, leicht marmoriertes Fleisch, Mastbullen und Mastfärsen, die rund 18 Monate alt werden, liefern Fleisch von bester Qualität – und Kalbfleisch ist sowieso ein Fleisch für Feinschmecker. Die beim Zwiebelrostbraten verwendete Rinderlende ist zweifelsfrei das wertvollste Teilstück des Rinds. Es ist sehr fettarm und eignet sich hervorragend als Kurzgebratenes.

Cordon bleu mit Kroketten und Rucola-Dip

von Jacqueline Amirfallah

FÜR 2 PERSONEN

400 g Kartoffeln, mehligkochend, z.B. Virginia oder Anni
2 Schweineschnitzel (à 160 g)
2 Scheiben Schinken, gekocht
2 Scheiben junger Gouda
Salz, Pfeffer
etwas Mehl
2 Eier
etwas Semmelbrösel
2 Eigelb
Muskatnuss
Butterschmalz
Frittierfett

Für den Rucola-Dip

100 g Quark
100 g Crème fraîche
50 g Mayonnaise
Salz
6 Blätter Rucola

ZUBEREITUNG

1 Die Kartoffeln schälen, in Salzwasser weich kochen, abgießen und gut ausdampfen lassen.

2 In die Schweineschnitzel eine Tasche schneiden, dann leicht plattieren und die Taschen mit Schinken und Gouda füllen. Mit Salz und Pfeffer würzen. Die Schnitzel in Mehl wenden, durchs verquirlte Ei ziehen und mit den Semmelbröseln panieren. Wer mag, kann das Ei mit 2 EL Wasser oder Sahne verquirlen.

3 Warme Kartoffeln durch die Presse drücken, Eigelb untermischen, mit Salz und Muskat abschmecken. Die Kartoffeln dürfen nicht zu heiß sein, da sonst das Ei gerinnt. Die Kartoffelmasse in einen Spritzbeutel füllen, 2 cm starke Streifen auf den Tisch spritzen, diese in gleichmäßige Stücke schneiden und eventuell nachrollen.

4 Die Kroketten in Mehl wenden, durchs verquirlte Ei ziehen und mit den Semmelbröseln panieren.

5 Die Cordon bleu in einer Pfanne mit Butterschmalz braten, die Kroketten im heißen Frittierfett goldgelb ausbacken.

6 Für den Dip Quark, Crème fraîche und Mayonnaise glatt rühren, mit Salz abschmecken und den fein geschnittenen Rucola unterheben.

Alles auf Tellern anrichten und servieren.

JÄGERSCHNITZEL

VON VINCENT KLINK

FÜR 2 PERSONEN

2 Schweinehalsschnitzel (à 200 g)
Pfeffer, Salz
etwas Butter
1 Zwiebel, fein geschnitten
180 g Champignons, in feine Scheiben geschnitten
1 Zweig Thymian
etwas Sonnenblumenöl
1 TL Tomatenmark
1/4 l trockener Rotwein
1 Knoblauchzehe, fein geschnitten
1 TL Bio-Gemüsebrühepulver
1 TL Mehl
2 EL Sahne
1 Bund Blattpetersilie, fein geschnitten

ZUBEREITUNG

1 Die Schnitzel plattieren und mit Pfeffer und Salz würzen. In einer Pfanne mit etwas Butter bei mittlerer Hitze auf jeder Seite ca. 3 Minuten braten. Anschließend warm stellen.

2 1/3 der fein geschnittenen Zwiebel mit den Champignons in etwas Butter dünsten. Mit Pfeffer und Salz würzen und Thymian zugeben. Dann herausnehmen und ebenfalls warm stellen.

3 In derselben Pfanne die restlichen Zwiebeln mit etwas Sonnenblumenöl braun rösten, das Tomatenmark zugeben und rösten, bis alles fast anbrennt. Dann mit etwas Wein ablöschen. Knoblauch und Gemüsebrühepulver zugeben und mit dem restlichen Wein auffüllen. Das Ganze auf ungefähr 5 EL Flüssigkeit reduzieren lassen.

4 Den aus den Schnitzeln ausgetretenen Saft dazugeben. Mehl mit etwas Wasser anrühren und mit einem Schneebesen unter die Sauce rühren. Sahne und die Champignons dazugeben und alles gut durchkochen. Mit Salz und Pfeffer abschmecken. Die Schnitzel zugeben und in der Sauce aufwärmen.

5 Die Schnitzel anrichten, zur Hälfte mit Champignons bedecken und mit der Sauce umgießen. Mit Petersilie bestreuen. Dazu passen gut Nudeln oder Spätzle.

Schweinebraten mit Zwiebel-Kräuterkruste

von Rainer Strobel

ZUBEREITUNG

1 Den Schweinekamm, der nicht zu mager sein sollte, mit Salz, Pfeffer und gemahlenem Kümmel kräftig würzen.
2 Alle Kräuter fein hacken. Senf, Kräuter, Olivenöl, Honig, Knoblauch und Schalotten gut vermischen und diese Paste ca. 1/2 cm dick auf den Schweinekamm streichen.
3 Das Fleisch in einen Bräter geben und mit 2 Tassen kaltem Wasser angießen. Im Ofen bei 160 °C (Umluft) ca. 1 Stunde braten. Danach etwas ruhen lassen und aufschneiden. Dazu passen ausgezeichnet Bratkartoffeln oder ein frischer Kartoffelsalat und ein grüner Salat.

FÜR 2 PERSONEN

600-800 g Schweinekamm
Salz, Pfeffer
1 TL Kümmel, gemahlen
2 Zweige Salbei
1/2 Bund Schnittlauch
1/2 Bund Majoran
1/2 Bund Petersilie
3 EL Senf
1 EL Olivenöl
1 TL Honig
4 Knoblauchzehen, fein gehackt
2 Schalotten, fein geschnitten

SCHWEINEFILET AUF SIZILIANISCHE ART MIT TOMATEN UND KAPERN

VON VINCENT KLINK

FÜR 2 PERSONEN

250 g Kartoffeln, mehligkochend
1-2 EL Mehl
1 Ei
Salz, Pfeffer
Muskatnuss
1 kleines Schweinefilet
Butterschmalz
500 g reife Fleischtomaten
1 Zwiebel, grob gewürfelt
1 Knoblauchzehe, angedrückt
1-2 EL Olivenöl
2 EL Tomatenmark
1 TL gesalzene Kapern, gewässert
1/2 Peperoni, entkernt und gehackt
1 Prise Zucker
Butter

ZUBEREITUNG

1 Für die Gnocchi die Kartoffeln schälen und in Salzwasser kochen. Wenn sie gar sind, abgießen, die Kartoffeln zurück in den Topf auf den Herd geben und ausdampfen lassen. Dann mit einer Kartoffelpresse in eine Schüssel drücken, Mehl und Ei zugeben, mit Salz, Pfeffer und Muskat würzen und gut verkneten.

2 Aus der Masse kleine Gnocchi formen, mit einer Gabel Rillen eindrücken und in siedendem Salzwasser so lange gar ziehen lassen, bis die Gnocchi an der Oberfläche schwimmen. Dann herausnehmen und gut abtropfen lassen.

3 Das Schweinefilet in 3-5 cm dicke Medaillons schneiden, mit Salz und Pfeffer würzen und in einer Pfanne mit Butterschmalz bei mittlerer Hitze von beiden Seiten ca. 5 Minuten braten. Dann aus der Pfanne nehmen und warm stellen.

4 Die Tomaten auf der Oberseite leicht kreuzweise einritzen und kurz in kochendes Wasser geben, anschließend häuten, entkernen und würfeln.

5 Zwiebel und Knoblauch in Olivenöl anschwitzen, Tomatenmark, Tomatenwürfel, Kapern und Peperoni zugeben. Alles köcheln lassen, bis die Tomaten zu einer dicken Sauce eingekocht sind. Mit Salz, Pfeffer und 1 Prise Zucker abschmecken.

6 Die Gnocchi in einer Pfanne mit Butter anschwenken. Die Schweinemedaillons anrichten, mit der Sauce umgießen und mit den Gnocchi servieren.

THÜRINGER KLÖSSE MIT SCHWEINEBRATEN

VON RAINER STROBEL

FÜR 4 PERSONEN

Für den Braten:
800 g Schweinebraten mit Schwarte
Salz, Pfeffer
1-2 TL Kümmel, gemahlen
1 TL Majoran
2 Zwiebeln
2 Knoblauchzehen
150 g Wurzelgemüse (z.B. Sellerie, Lauch, Karotten)
1 EL Kartoffelstärke

Für die Klöße:
1,5 kg Kartoffeln, mehligkochend
1 Brötchen
30 g Butter
Salz

ZUBEREITUNG

1 Backofen auf 160 °C vorheizen. Die Schwarte des Schweinebratens rautenartig einschneiden. Dabei darauf achten, das Fleisch nicht zu verletzen. Mit Salz, Pfeffer, Kümmel und Majoran kräftig würzen. Den Braten in eine Pfanne (mit feuerfestem Griff) geben und ca. 3 cm hoch Wasser angießen. Alles in den vorgeheizten Ofen geben.
2 Zwiebeln, Knoblauch und Wurzelgemüse putzen, in Würfel schneiden und nach 30 Minuten zum Braten geben. Diesen hin und wieder mit dem eigenen Fond übergießen und alles noch ca. 1 Stunde im Ofen weitergaren. Dann den Braten aus der Pfanne nehmen und warm stellen.
3 Den Bratensatz in der Pfanne mit Brühe oder Wasser lösen und aufkochen. Anschließend durch ein Sieb passieren, erneut aufkochen und die Sauce mit etwas in kaltem Wasser angerührter Kartoffelstärke binden.
4 Für die Klöße die Kartoffeln schälen. 2/3 der Kartoffeln auf einer Reibe sehr fein reiben. Die rohe Kartoffelmasse in einem Küchentuch so trocken wie möglich auspressen. Beim Auspressen den Kartoffelsaft auffangen. Die aus dem aufgefangenen Kartoffelsaft abgesetzte Kartoffelstärke auf die rohen Kartoffeln geben und gut vermischen.

5 Die restlichen Kartoffeln vierteln, weich kochen und die noch warmen Kartoffeln durch eine Kartoffelpresse drücken. Diese Kartoffelmasse leicht salzen und mit etwas Kochwasser zu einem Brei mischen.
6 Brötchen in 2 cm große Würfel schneiden und in Butter anbraten.
7 Den Kartoffelbrei in einen Topf geben und unter ständigem Rühren zum Kochen bringen. Den kochenden Kartoffelbrei portionsweise auf die rohen Kartoffeln geben und gut vermischen. Aus diesem Teig Klöße formen und die Brötchenwürfel in die Mitte geben. Die Klöße je nach Größe im Salzwasser ca. 15 Minuten leicht köcheln lassen.
8 Den Schweinebraten in Scheiben schneiden und mit Sauce und Klößen anrichten.

SZEGEDINER GULASCH

VON VINCENT KLINK

FÜR 2 PERSONEN

4 Zwiebeln
80 g Schweineschmalz
600 g Schweineschulter, grob gewürfelt
Pfeffer
2 TL Rosenpaprika scharf, edelsüß oder gemischt
300 g Sauerkraut, frisch aus dem Fass
1 TL Kümmel, gemahlen
250 g Sauerrahm
1 Knoblauchzehe
Salz

ZUBEREITUNG

1 Die Zwiebeln in feine Scheiben schneiden und in einem Topf mit Schmalz bräunen. Fleischwürfel zugeben, pfeffern und rundherum anbraten. Mit Paprika bestäuben und mindestens 1 Stunde bei geringer Hitze mit geschlossenem Deckel schmoren.

2 Anschließend Sauerkraut und Kümmel in den Topf geben und 20 Minuten köcheln lassen. Sauerrahm und die zerdrückte Knoblauchzehe hinzufügen und noch 10 Minuten köcheln lassen.

3 Das Gulasch abschmecken und mit Salzkartoffeln oder Weißbrot servieren.

Gulasch

Als Erfinder des Gulaschs gelten die Magyaren, ein asiatischer Volksstamm, der sich, aus dem Ural kommend, um 960 im heutigen West-Ungarn niederließ, nachdem er von den ostfränkischen und böhmischen Truppen aus Österreich vertrieben wurde. Ursprünglich ein Reitervolk, passten sich die Magyaren der Lebensweise der slawischen Bevölkerung an und wurden sesshaft. Zum Glück, denn sonst hätten wir womöglich noch nie von Gulasch gehört.
Allerdings: Was wir unter Gulasch verstehen, ist nicht unbedingt das, was in Ungarn darunter verstanden wird, denn dort fallen unter den Begriff »Gulyás« Suppen mit verschiedener Einlage. Was international »Gulasch« genannt wird, heißt in Ungarn dagegen »Paprikás« oder »Pörkölt«.
Es gibt eine wahre Fülle an Gulaschvariationen, eine besonders weite Verbreitung fand das Gericht Anfang des 19. Jahrhunderts, als das 39. ungarische Infanterie-Regiment in Wien stationiert war. Dort entstand auch das so genannte »Wiener Gulasch«, das in Wien allerdings »Rindsgulasch« oder »Saftgulasch« heißt. Neben diesem klassischen Gulasch gibt es in Wien auch noch das »Fiakergulasch« – eine besonders deftige Variante mit Wiener Würstchen (die in Wien bekanntlich Frankfurter heißen), Spiegelei, Gewürzgurke und Semmelknödel. Eine Gemengelage also, die den braven Kutscher auch bei strengsten Wetterbedingungen bei Kraft zu halten vermag. Des Weiteren gibt es noch das so genannte »Zigeunergulasch« (mit Rind-, Lamm- und Schweinefleisch sowie Kartoffeln, Tomaten und grünen Paprika), das »Esterhazygulasch« (mit Wurzelgemüsejuliennes, Sauerrahm und Kapern), das »Debrecziner Gulasch« (statt Rindfleisch wird Debrecziner Wurst verwendet), das »Erdäpfelgulasch« (mit angebratener Wurst und Zwiebeln, Essig und Kartoffeln), das »Kesselgulasch«, das Sie auf Seite 127 finden, und natürlich unser »Szegediner Gulasch«, das mit Sauerkraut und Sauerrahm besticht.
Alle Gulasch-Variationen haben aber eine Gemeinsamkeit: Als Gewürz taucht immer Paprika auf, und Zwiebeln dürfen ebenfalls nirgends fehlen. Ebenso spielt Kümmel und auch Knoblauch in fast allen Rezepten eine wichtige Rolle. Neben den Gewürzen ähnelt sich auch in allen Rezepten die Garmethode: Langes und sanftes Schmoren beschert dem Gulasch immer eine sämig-köstliche Sauce.

LAMMKEULE MIT KARTOFFELGRATIN

VON RAINER STROBEL

FÜR 2 PERSONEN

5 mittelgroße Kartoffeln, halbfest kochend
4 Tomaten
Butter für die Form
Salz, Pfeffer
1 kleine Lammkeule (ca. 1,5 kg)
2 Knoblauchzehen, in Stifte geschnitten
Olivenöl
75 ml Gemüsebouillon
frischer Thymian

ZUBEREITUNG

1 Die Kartoffeln schälen und roh in dünne Scheiben schneiden. Die Tomaten ebenfalls in dünne Scheiben schneiden. Eine Gratinform ausbuttern, die Kartoffeln und Tomatenscheiben reihenweise dachziegelartig einschichten, salzen, pfeffern und einige Esslöffel Wasser darüber verteilen.
2 Das Fett von der Lammkeule wegschneiden. Mit einem spitzen Messer das Fleisch rundherum einschneiden und in die Einschnitte Knoblauchstifte stecken. Die Lammkeule salzen, pfeffern und mit Olivenöl einpinseln.
3 Die Lammkeule in der Pfanne rundherum anbraten und dann auf die Kartoffeln und Tomaten legen. Nicht vom Fleisch bedeckte Kartoffeln und Tomaten mit Gemüsebouillon benetzen und die Thymianblättchen darüber streuen. Im vorgeheizten Backofen bei ca.160 °C (Umluft) ca. 45 Minuten (je nach Größe der Keule) garen.
4 Vor dem Anschneiden die Keule noch kurz ruhen lassen, dann mit dem Gratin anrichten.

Hasenrücken mit gebratenen Birnen

von Vincent Klink

FÜR 2 PERSONEN

2 reife Birnen
ca. 30 g Butter
1/8 l Cream Sherry
grober, schwarzer Pfeffer
1 Hasenrücken, enthäutet und entbeint
1 Tasse Wurzelgemüse in Würfeln (Sellerie, Lauch, Karotten)
20 g Butterschmalz
1/8 l Fleischbrühe
1/4 l kräftiger, trockener Rotwein, z.B. Côtes du Rhône

ZUBEREITUNG

1 Die Birnen schälen, vierteln und das Gehäuse herausnehmen. Das Fruchtfleisch in kirschgroße Würfel schneiden und in Butter anbraten. Den Sherry beigeben, mit dem Pfeffer würzen und reduzieren lassen.

2 Den Hasenrücken falls nötig entbeinen, die Knochen klein hacken und mit den Gemüsewürfeln im Butterschmalz rösten. Mit der Brühe ablöschen und kochend um die Hälfte reduzieren.

Der Wildhase

Es gibt nicht wenige, die dem 1. Oktober entgegenfiebern, denn von diesem Tag bis zum 15. Januar bekommt der Klopfer was hinter die Löffel – oder besser gesagt mit der Schrotflinte. Allerdings sind die Menschen nicht die einzigen Feinschmecker. Es gibt jede Menge Füchse, die dem Wildhasen zu schaffen machen und ihn zu einer seltenen und raren Delikatesse dezimiert haben. Zwar steht er noch nicht unter Naturschutz, doch haben viele Förster dazu aufgerufen, auf die Hasenjagd erst einmal zu verzichten, und zwar so lange, bis sich die Population erholt hat.

Doch hat man nun einen Wildhasen vor sich liegen, so ist es wichtig zu wissen, dass die unterschiedlichen Teile auch unterschiedlich lange Garzeiten haben. Der klassische Hasenbraten ist vom Hasenrücken.

Übrigens: Der 15. Januar heißt im Volksmund auch »Hasensilvester« – der Grund dürfte Ihnen nun bekannt sein.

3 Wein, Konfitüre und alle Gewürze sowie den Essig hineingeben. Noch einmal 5 Minuten durchkochen, dann passieren. Sauce um die Hälfte reduzieren lassen und mit Mehlbutter abbinden.
4 Das Rückenfleisch des Hasen pfeffern und salzen und von beiden Seiten wie Schnitzel anbraten, herausnehmen und warm stellen. Die Sauce in eine Kasserolle geben, den Hasenrücken mit der Sauce 4 Minuten erhitzen und anrichten.

Als Beilage passt sehr gut Kartoffel- und/oder Selleriepüree.

10 g Preiselbeerkonfitüre
4 Wacholderbeeren
1 Lorbeerblatt
1 Msp. Piment, gemahlen
Salz
1 TL Rotweinessig
1 TL Mehlbutter (1 TL Mehl mit 2 TL flüssiger Butter vermischt)

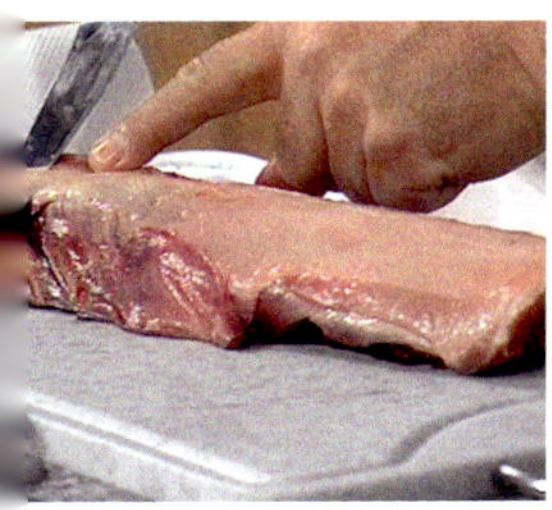
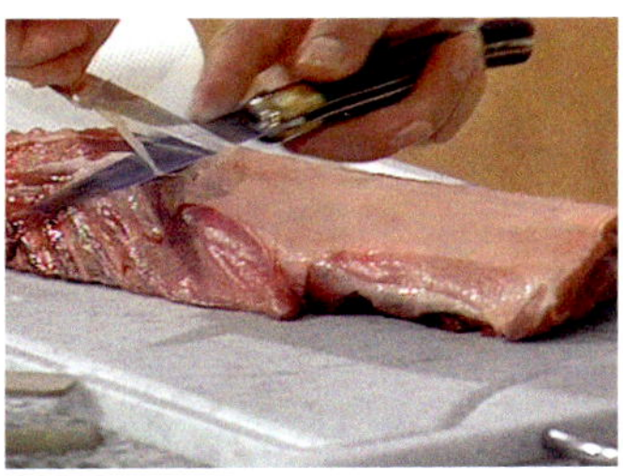
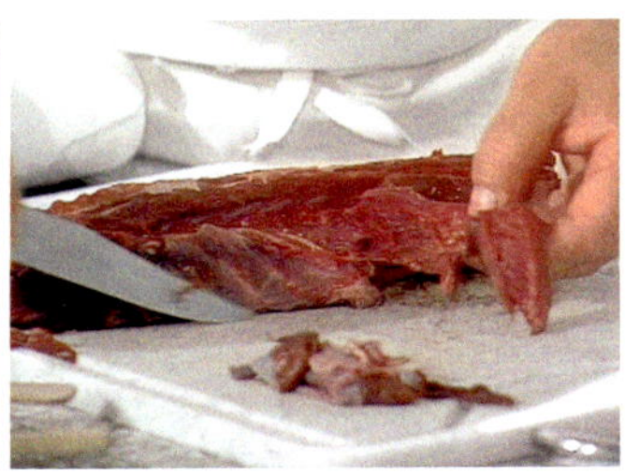

HIRSCHGESCHNETZELTES MIT PREISELBEERKNÖDELN

VON RAINER STROBEL

FÜR 2 PERSONEN

400 g Kartoffeln, mehligkochend
2 Eigelb
2 EL Kartoffelstärke
Muskatnuss, Salz
4 EL Preiselbeeren aus dem Glas
300 g Hirschrücken, ohne Knochen
100 g Champignons
4 Scheiben Frühstücksspeck
Olivenöl
Pfeffer
Wacholderbeeren
2 Schalotten, fein geschnitten
40 ml Gin
100 ml Sahne
200 ml Wildfond
50 g kalte Butter

ZUBEREITUNG

1 Für die Knödel die Kartoffeln schälen, in Salzwasser kochen und anschließend gut ausdampfen lassen. Kartoffeln noch heiß durch die Kartoffelpresse drücken, Eigelb und Kartoffelstärke schnell daruntermischen und mit Salz und Muskat würzen.

2 Aus der Masse kleine Klöße formen, die mit den Preiselbeeren gefüllt werden. Die Knödel in leicht kochendem Salzwasser ca. 10-15 Minuten gar ziehen lassen.

3 Vom Hirschrücken Fett, Haut und alle Sehnen entfernen. Dann in ca. 4 cm lange und 1 cm dicke Streifen schneiden. Die Champignons in Scheiben, den Speck in feine Streifen schneiden.

4 Die Speckstreifen in einer Pfanne mit etwas Olivenöl anbraten, Fleischstreifen zugeben, mit Salz, Pfeffer und fein gehackten Wacholderbeeren würzen. Schalotten und Champignons zugeben und ebenfalls gut anbraten. Mit Gin ablöschen, mit Sahne und Wildfond auffüllen.

5 Das Geschnetzelte 3-4 Minuten erhitzen, nicht mehr kochen. Das Fleisch sollte noch rosa sein, nur dann ist es richtig zart. Zum Schluss die kalte Butter unterrühren und die Sauce damit binden. Mit Salz und Pfeffer abschmecken. Das Geschnetzelte mit den Knödeln servieren.

REHPFEFFER

VON OTTO KOCH

ZUBEREITUNG

1 Das Fleisch in 4 cm große Würfel schneiden und 1-2 Tage in eine Marinade aus 1/2 l Rotwein, Lorbeerblättern, Wacholderbeeren, Pfefferkörnern, Sellerie, Karotten, Lauch und Zwiebeln legen. Dann das Fleisch herausnehmen, Gewürze entfernen und Marinade sowie die Gemüse aufheben.
2 Das Fleisch mit dem Gemüse in einem Topf mit heißem Öl anbraten, bis es Farbe genommen hat. Tomatenmark zugeben und so 1 Minute weiterbraten. Mit Mehl bestäuben und mit der Marinade ablöschen. Alles gut verrühren, Senf und Fond zugeben und 10 Minuten köcheln lassen. Dann das Fleisch herausnehmen und den Rest etwas einkochen lassen.
3 Die Sauce passieren, mit Salz und Pfeffer abschmecken und mit etwas kalter Butter aufmontieren. Das Fleisch wieder in die Sauce geben.
4 Den Speck in etwas Fett anschwitzen. Die Champignons, die Silberzwiebeln und Petersilie zugeben und abschmecken.
5 Das Ragout anrichten, mit dem Speck, den Zwiebeln und den Champignons bestreuen. Dazu Spätzle oder Nudeln servieren.

Ganz klassisch wird der Rehpfeffer in Frankreich und auch in Deutschland mit Blut gebunden. Dafür kann man auch Schweine- oder Rinderblut nehmen. Allerdings sollte das Gericht dann stärker gepfeffert und mit Senf abgerundet werden.

FÜR 2 PERSONEN

400 g Rehkeule
1/2 l kräftiger, trockener Rotwein, z.B. Côtes du Rhône
3 Lorbeerblätter
10 Wacholderbeeren
10 Pfefferkörner
50 g Sellerie, gewürfelt
50 g Karotten, gewürfelt
50 g Lauch, gewürfelt
50 g Zwiebeln, gewürfelt
Öl zum Anbraten
1 EL Tomatenmark
1 EL Mehl
1 EL Dijon-Senf
1/8 l brauner Fond
1-2 EL kalte Butter
Salz, Pfeffer
3 Scheiben Bauchspeck, in Streifen geschnitten
10 kleine Champignons
3 EL Silberzwiebeln
1 EL gehackte Petersilie

REHRAGOUT MIT BACKPFLAUMEN IN ROTWEIN

VON VINCENT KLINK

FÜR 2 PERSONEN

Für das Rehragout
1 Rehschulter
Pfeffer
2 EL Butterschmalz
20 g Speckwürfel
1 Zwiebel
1 Karotte, geschält
1/4 Sellerieknolle, geschält
1 Knoblauchzehe
2 EL Aceto Balsamico
1 TL Wacholderbeeren, zerdrückt
1/4 l Rotwein
1/4 l Fleischbrühe
Salz

ZUBEREITUNG

1 Die Rehschulter entbeinen, von den gröbsten Sehnen befreien und pfeffern. (Salz wird dem Gericht erst am Schluss beigegeben, da der Speck meist schon genügend Salz enthält.)

2 Das Fleisch in ca. 2 cm große Würfel schneiden und mit etwas Butterschmalz in einer vorgeheizten Pfanne auf größter Flamme mit dem Speck, den Zwiebeln und dem gewürfelten Gemüse rundum scharf anbraten, bis es überall leicht gebräunt ist.

3 Alle anderen Zutaten zum Fleisch geben und alles mindestens 45 Minuten lang bei kleiner Flamme schmoren. Ist zu viel Flüssigkeit verdampft, immer wieder etwas Rotwein dazugießen, damit am Topfboden nichts ansetzt. Nach dem Ende der Garzeit die Fleischstücke in einen anderen Topf geben und warm stellen. Die Sauce durchmixen und abschmecken.

4 Die entkernten Backpflaumen mit Rotwein, Essig und den Gewürzen aufkochen. Fünf Minuten bei kleiner Hitze köcheln lassen, dann die Hitze erhöhen, bis nahezu der ganze Rotwein eingekocht ist und nur noch etwas Sirup die Backpflaumen umgibt.

5 Das Rehragout mit Backpflaumen anrichten und klassischerweise mit Spätzle servieren.

Das Reh

Das scheue Tier kommt in fast ganz Europa und in Kleinasien vor. Da die natürlichen Widersacher wie Luchs und Wolf nahezu abhanden gekommen sind und nur noch der Feind Mensch übrig blieb, ist die Population derart gewachsen, dass Jäger kaum noch so viel erlegen können, wie sie müssten. Rehe sind Feinschmecker und ernähren sich durchaus wählerisch, was ihrem Fleisch nur dienlich ist. Neben dem Rehragout gelten weiter der gespickte Rücken und die Medaillons daraus als Hochgenuss. Ab dem dritten Lebensjahr allerdings taugen auch die hübschesten Rehe nicht mehr für die Küche. Dann ist ihr Fleisch zu grobfaserig und zäh. Davor allerdings sind sie wunderbar und den Zuchtrehen immer vorzuziehen.

Für die Backpflaumen

100 g Backpflaumen, entkernt

1/4 l Rotwein

1 EL Essig

je 1 Msp. Pfeffer, Kurkuma, Kardamom, Zimt und Kreuzkümmel

Nudeln, Kartoffeln & Reis

Auch bei den besten Köchinnen und Köchen geraten die Beilagen oftmals ein wenig einfallslos und fad. So gibt es immer wieder Salzkartoffeln zum Fisch und Reis aus dem Kochbeutel zu Geflügel aller Art. Und Nudeln? Die werden seit Jahr und Tag fertig gekauft, ebenso die Knödel, die aus der Tüte kommen ... Doch muss das so bleiben? Wir denken nicht, denn gerade selbst gemachte Beilagen werten ein Essen enorm auf und machen aus gut hervorragend. Und der Arbeitsaufwand, der dahintersteckt, ist gar nicht so groß.

In den bisherigen Kapiteln sind Sie immer mal wieder auf Beilagen gestoßen – hier nun finden Sie unsere besten Beilagen-Rezepte beisammen und, nach Nudeln, Kartoffeln und Reis gegliedert, aufgelistet. Die folgenden Rezepte sind allesamt erprobt und gelingen garantiert. Weder müssen für sie teure Extraanschaffungen getätigt werden, noch brauchen Sie besonderes Geschick. Sie müssen lediglich ein wenig mehr Zeit einkalkulieren. Aber Sie werden sehen, dass dieser Einsatz reich belohnt wird – durch jede Menge Komplimente glücklicher Esser und durch das ganz besondere Geschmackserlebnis, das liebevoll hergestellte Beilagen nun einmal mit sich bringen.

GRUNDLAGEN, TIPPS UND TRICKS

WISSENSWERTES RUND UM DIE KARTOFFEL

Dass Kartoffeln äußerst vielseitig sind, ist Ihnen sicher hinlänglich bekannt. Doch welche Kartoffeln eignen sich besonders für welche Zubereitungsart? Auf diese Frage antwortet eine goldene Regel: Für Pürees und alles, was man aus durchgedrückten Kartoffeln bereitet, sollten Sie mehlige Sorten verwenden. Für Kartoffelsalate jedoch die vorwiegend festkochenden.

Vielleicht sind Sie erstaunt, haben Sie doch immer gepredigt bekommen, dass in den Salat nur die festkochenden Salatkartoffeln gehören – doch das, was als reine Salatkartoffel angeboten wird, ist meist zu speckig und saugt keinerlei Sauce auf. Gerade beim Kartoffelsalat ist es aber wichtig, dass die Kartoffeln einerseits nicht völlig zerfallen, andererseits aber so porös sind, dass sie Brühe, Essig und Öl aufnehmen.

Ansonsten gilt bei der Kartoffelwahl: Wenn Sie mit einer bestimmten Sorte beispielsweise besonders luftiges Püree zubereiten können, dann bleiben Sie einfach dabei. Und wechseln Sie nach Möglichkeit auch nicht den Händler, denn dieselbe Sorte kann von einem Bauern zum nächsten ganz anders sein – es kommt nämlich auch auf die Böden an, aus denen die Kartoffeln kommen.

Kartoffeln haben einen eher neutralen, aber angenehmen Geschmack. Daher können sie zu fast allen Gerichten kombiniert werden. Allerdings ist Kartoffel nicht gleich Kartoffel. Die verschiedenen Sorten unterscheiden sich in ihrem Stärkegehalt bzw. ihrer Kocheigenschaft. So teilt man Kartoffeln in festkochende, vorwiegend festkochende und mehligkochende Sorten ein.

***Festkochende Kartoffeln:** Sie haben den geringsten Stärkegehalt und behalten beim Kochen ihre Struktur. Sie sind deshalb hervorragend für Salate, Bratkartoffeln, Rösti und Gratins geeignet. Festkochende Sorten sind beispielsweise Hansa, Sieglinde, Linda, Nicola, Regina und Bamberger Hörnchen.*

***Vorwiegend festkochende Kartoffeln:** Sie haben einen etwas höheren Stärkegehalt und werden beim Kochen etwas weicher. In der Küche verwendet man sie für Salz- oder Pellkartoffeln. Vorwiegend festkochende Sorten sind beispielsweise Clivia, Hella, Grata, Roxy und Christa.*

***Mehligkochende Kartoffeln:** Durch ihren hohen Stärkegehalt brechen diese Sorten beim Kochen auf. Sie eignen sich sehr gut zum Herstellen von Kartoffelmassen für Kartoffelpüree, Schupfnudeln, Klöße usw. Mehligkochende Sorten sind beispielsweise Irmgard, Adretta und Aula.*

Wissenswertes rund um Mehl

Sprechen wir in diesem Buch und speziell in diesem Kapitel von Mehl, meinen wir immer das normale Haushaltsmehl Type 405. Dieses Mehl ist etwas völlig anderes als das gelbliche Hartweizenmehl, das bei Nudeln verwendet wird. Dieses hat nur wenig Kleber und ist deshalb auch für Grießbrei gut geeignet. Mit normalem Weizengrieß wäre der Brei zäh wie Gummi.

Tipp: Jedes Mehl reagiert anders und Vollkornmehle sowieso. Deshalb kann man sich bei Pasta nicht völlig auf das Rezept verlassen. Für die Herstellung muss der Teig aber in jedem Fall eine sehr feste Konsistenz haben. Falls Sie eine Nudelmaschine besitzen, bietet es sich an, den Teig mehrere Male portionsweise durch die Maschine zu schicken und jede Bahn erneut zu mehlieren, dann zusammenzufalten und erneut durchzudrehen. So wird der Teig optimal bearbeitet und mit jedem Durchgang etwas fester. Ideal ist er, wenn er die Konsistenz von feuchter Pappe hat und nicht mehr an den Walzen kleben bleibt.
Generell ist es bei der Herstellung von Nudelteig vorteilhaft, wenn man nicht sofort die gesamte Mehlmenge in den Teig gibt, sondern den Teig erst mit weniger Mehl weich anknetet, um anschließend so viel Mehl hinzuzugeben, wie nötig ist, um die gewünschte Konsistenz zu erreichen. Der Teig darf auf keinen Fall zu weich sein oder gar kleben, allerdings muss er elastisch genug sein, um dünn ausgerollt werden zu können.

Die wichtigsten Kniffe rund um das Thema Knödel

Die Knödelherstellung ist in vielen Fällen die große Angstnummer. Zwar ist es meist kein Problem, einen stabilen Knödel zu formen – doch wer will den schon? Die Schwierigkeit liegt in der Herstellung eines zarten, völlig lockeren und damit äußerst begehrten Knödels, der trotzdem nicht auseinanderfällt. Um das zu erreichen, gibt es einen Trick: Geben Sie die rohen Klöße auf ein Stück hitzebeständige Frischhaltefolie, wickeln Sie den Knödel damit ein und zwirbeln Sie die Enden fest zusammen. Da die Folie kochfest ist, kann das Wasser zur Not auch sprudeln. Wenn Sie keine Folie zur Hand haben, empfiehlt es sich, einen Probeknödel zu machen. Fällt er im Wasser auseinander, gibt man bei Semmelknödeln noch etwas Semmelbrösel in die Masse, bei Kartoffelknödeln kommt noch etwas Mehl hinzu.

Was passt zu was?

- Beilagen wie Knödel, Nudeln, Spätzle oder Schupfnudeln passen sehr gut zu Sauerbraten, Geschnetzeltem und anderen Saucengerichten.
- Kartoffelgratin wird am besten zu kurzgebratenem Fleisch bzw. Steaks serviert.
- Risotto schmeckt sehr gut zu Fisch oder Geflügel.

TAGLIATELLE

VON VINCENT KLINK

FÜR 2 PERSONEN

250 g Hartweizenmehl
4 Eier
1 TL Olivenöl
1 Prise Salz
etwas Mehl zum Ausrollen des Teiges

ZUBEREITUNG

1 Das Hartweizenmehl auf ein Nudelbrett häufen und in der Mitte ein Loch eindrücken. Eier, Olivenöl und 1 Prise Salz hineingeben, alles zu einem glatten Teig kneten und 1 Stunde ruhen lassen.

2 Den Nudelteig auf einer bemehlten Arbeitsfläche zu möglichst dünnen Bahnen ausrollen. Diese gut mit Mehl bestäuben, zusammenrollen und in feine Streifen schneiden.

3 Ausreichend Wasser zum Sieden bringen, salzen und die Nudeln darin bissfest kochen. Frische, selbst gemachte Nudeln sind in ca. 3 Minuten gar. Die Nudeln abschütten, zurück in den Topf geben und mit etwas Butter vermischen, damit sie nicht aneinander haften.

Tagliatelle

Statt des italienischen Begriffs könnte man auch Bandnudeln dazu sagen. Übrigens kann man mit diesem Nudelteig auch alle anderen Nudelsorten herstellen – bis auf Ravioli. Der Teig aus Hartweizenmehl ist nämlich nicht sehr dehnbar, was beim Al-dente-Kochen bei Nudeln von Vorteil ist. Bei Ravioli allerdings muss man den Teig feuchter halten, da er sich ja geschmeidig der erhöhten Füllung anpassen soll. Wesentlich reißfester und geschmeidiger wird der Teig, wenn man ihm 20% normales Haushaltsmehl zufügt.

Spätzle

von Vincent Klink

ZUBEREITUNG

1 Das Mehl in eine Schüssel häufen, in die Mitte eine Mulde drücken und die Eier mit dem Salz hineinschlagen. Alles mit einem Kochlöffel vermengen und so lange schlagen, bis ein glatter Teig entstanden ist, der Blasen wirft. Die Teigschüssel mit einer Klarsichtfolie verschließen und den Teig eine halbe Stunde ruhen lassen.

2 In der Zwischenzeit einen großen Topf mit Salzwasser zum Kochen bringen. Ein Spätzlebrett kurz in kochendes Wasser tauchen, darauf ca. 2 EL Teig streichen. Den Teig mit einem ebenfalls angefeuchteten Teigschaber zuerst flach streichen und dann dünne Streifen ins kochende Wasser schaben (natürlich kann man den Teig auch durch eine Spätzlepresse drücken). Wenn die Spätzle gar sind, steigen sie nach oben. Mit einem Sieblöffel die Spätzle aus dem kochenden Wasser herausnehmen und kurz in eine Schüssel mit kaltem Wasser geben. Anschließend absieben.

3 Vor dem Servieren werden die Spätzle mit etwas Butter in einer Pfanne erwärmt.

FÜR 2 PERSONEN

200 g Mehl
4 Eier
Salz, Pfeffer
Butter zum Anbraten

Käsespätzle
Um aus den Spätzle Allgäuer Käsespätzle zu zaubern, benötigt man zusätzlich 150 g geriebenen Allgäuer Bergkäse oder echten Emmentaler, 2 in feine Ringe geschnittene Zwiebeln, 1/8 l Milch und Butter zum Anbraten. Die Zwiebeln werden in einer Pfanne mit Butter goldbraun gebraten. Die Spätzle werden ebenfalls in einer Pfanne (mit feuerfestem Griff) mit Butter erwärmt. Sobald die Spätzle heiß sind und die Zwiebelringe die gewünschte Farbe angenommen haben, die Hälfte der Zwiebeln zu den Spätzle geben, alles mit der Milch ablöschen und die Hälfte des Käses so lange untermischen, bis er leicht geschmolzen ist. Mit Pfeffer würzen und danach den restlichen Käse auf die Spätzle geben. Die Pfanne unter den Grill stellen und den Käse schmelzen lassen. Die restlichen Zwiebeln werden obenauf gelegt und alles zusammen mit einem grünen Salat serviert.

KRÄUTERNUDELN

VON JACQUELINE AMIRFALLAH

FÜR 2 PERSONEN

100 g Hartweizengrieß
100 g Mehl
1 Ei
1 EL Olivenöl
1 Prise Salz
einige Blätter Salbei
einige Blätter Basilikum
einige Blätter Thymian

ZUBEREITUNG

1 Aus Hartweizengrieß, Mehl, Ei, Olivenöl, Salz und so viel Wasser wie nötig einen Nudelteig herstellen (s. S. 154), diesen gut durchkneten und ca. 1 Stunde in Folie eingeschlagen ruhen lassen.

2 Dann den Teig portionsweise mit der Nudelmaschine in Bahnen ausrollen. Die fein gewiegten Kräuter zwischen zwei Nudelbahnen legen und diese noch mal durch die Maschine drehen. Wenn die Feuchtigkeit der Kräuter den Teig klebrig macht, die Teigbahnen nochmals gut mit Mehl bestäuben. Vorgang so oft wiederholen, bis daraus eine glatte Bahn geworden ist.

3 Aus den Teigbahnen breite Bandnudeln schneiden. Kurz vor dem Servieren die Nudeln in reichlich Salzwasser bissfest kochen.

Serviettenknödel

von Vincent Klink

Für 4 Personen

1 Laib Toastbrot
1/2 l Milch
25 g Speck, gewürfelt
1 Zwiebel, fein gehackt
1 EL Butter
6 Eier
ca. 1 EL gehackte Petersilie
Salz, Pfeffer, Muskatnuss

Zubereitung

1 Das Toastbrot in ca. 1 cm große Würfel schneiden, die Milch zum Kochen bringen und über die Brotwürfel geben. Zudecken und 30 Minuten ziehen lassen.

2 Speck und Zwiebel in Würfel schneiden und in der Butter anbraten.

3 Inzwischen die Eier in einer Schüssel verquirlen. Die Eier, den Speck und die Zwiebel zu den Brotwürfeln geben und die gehackte Petersilie einstreuen. Mit Salz, Pfeffer und Muskatnuss abschmecken.

4 Den Knödelteig auf Klarsichtfolie geben und länglich in der Mitte anrichten. Die Folie zu einer Rolle zusammenschlagen, dabei die Enden eindrehen und alles mit Alufolie umwickeln. Die Rolle in einen mit Wasser gefüllten Topf geben und 40 Minuten bei kleiner Hitze garen lassen.

5 Nach Ende der Garzeit den Knödel auspacken, in Scheiben schneiden, mit brauner Butter beträufeln und servieren.

Serviettenknödel
Ihr Name rührt daher, dass in der Prä-Aluminiumfolienära der Teig tatsächlich auf eine gebutterte Stoffserviette gegeben wurde. Die Enden wurden mit Küchengarn zusammengebunden und die komplette Rolle an beiden Enden an einem Kochlöffel befestigt, der anschließend auf einen Topf mit siedendem Salzwasser gelegt wurde.

Klösse aus rohen Kartoffeln

von Vincent Klink

ZUBEREITUNG

1 Die Kartoffeln schälen, sehr fein reiben, anschließend in ein sauberes Küchentuch geben und sehr gut ausdrücken. Die dabei austretende Flüssigkeit in einer Schüssel auffangen, denn die sich darin befindliche Kartoffelstärke setzt sich nach kurzer Zeit ab und wird für die Klöße weiterverwendet. Das überschüssige Wasser einfach abgießen.

2 Die trockene Kartoffelmasse in eine Schüssel bröseln, salzen und die abgesetzte Stärke dazugeben. Mit dem kochenden Wasser überbrühen, bis eine formbare Masse entsteht. Daraus Knödel formen, diese in siedendes Salzwasser geben und in ca. 20 Minuten gar ziehen lassen.

FÜR 4 PERSONEN

1 kg Kartoffeln, mehligkochend
1 TL Salz
ca. 1/4 l kochendes Wasser

SPECK-SEMMELKNÖDEL

VON VINCENT KLINK

FÜR 2 PERSONEN

4 Brötchen vom Vortag
200 ml Milch
1 Schalotte, fein geschnitten
80 g Speck, fein gewürfelt
1/4 Stange Lauch,
fein gewürfelt
2 Eier
Sa z, Pfeffer, Muskatnuss

ZUBEREITUNG

1 Die Brötchen in dünne Scheiben schneiden und in eine Schüssel geben. Die Milch aufkochen, über die Brötchen gießen, sofort die Schüssel abdecken und ein paar Minuten ziehen lassen.

2 Die Schalotte in Butter anschwitzen, Speckwürfel zugeben und kurz danach Lauch untermischen. Alles gut durchschwenken und anschließend zu den eingeweichten Brötchen geben. Die Eier, Salz, Pfeffer und 1 Prise Muskat zugeben und alles gut vermischen.

3 Aus der Masse mit feuchten Händen einen Probeknödel formen und diesen in siedendem Salzwasser garen. Sollte der Knödel zerfallen, noch etwas Semmelbrösel unter den Teig mischen. Dann restliche Knödel abdrehen und im siedenden Salzwasser ca. 15 Minuten garen.

Tipp: Die Knödel können nach Belieben noch in Scheiben geschnitten und kurz in Butter angebraten werden.

GEFÜLLTE KARTOFFELKLÖSSE IN 3 VARIATIONEN

VON RAINER STROBEL

FÜR 2 PERSONEN

600 g Kartoffeln, mehligkochend
Salz, Muskatnuss
2 Eigelb
2 EL Kartoffel- oder Speisestärke
50 g Frühstücksspeck, fein gewürfelt
1 Zwiebel, fein geschnitten
1/2 Bund Schnittlauch, fein geschnitten
50 g Champignons, fein gewürfelt
50 g Backpflaumen
20 g Zucker
Pfeffer
etwas Butter zum Anschwitzen

ZUBEREITUNG

1 Die Kartoffeln schälen, weich kochen und noch heiß durch die Kartoffelpresse drücken. Mit Salz und frisch geriebener Muskatnuss würzen. Die Masse mit den Eigelb und etwas Kartoffelstärke gut vermischen.

2 Für die erste Füllung den Frühstücksspeck und ca. die Hälfte der Zwiebelwürfel hellbraun anrösten, das Fett abgießen und vom Schnittlauch ebenfalls ungefähr die Hälfte dazugegeben.

3 Für die zweite Füllung Champignons mit den übrigen Zwiebelwürfeln anschwitzen, mit Salz und Pfeffer würzen und den restlichen Schnittlauch zugeben.

4 Für die dritte Füllung die Backpflaumen ca. 1 Stunde in lauwarmem Wasser einweichen und dann von allen Seiten in Zucker wenden.

5 Aus der Kloßmasse 6 Klöße formen. Die verschiedenen Füllungen in die Mitte der einzelnen Klöße geben. Die Klöße gut abdrehen und in Salzwasser ca. 10 Minuten leise sieden lassen.

Schupfnudeln

von Vincent Klink

ZUBEREITUNG

1 Kartoffeln schälen und in Salzwasser weich kochen, abschütten und auf der noch warmen Herdplatte gut ausdampfen lassen.
2 Heiße Kartoffeln durch die Presse drücken und das Eigelb zügig untermengen. Wenn der Teig zu dünn ist, 1-2 EL Mehl untermischen und die Masse mit Pfeffer, Salz und 1 Msp. Muskat würzen.
3 Aus der Kartoffelmasse fingerdicke, ca. 6 cm lange und an den Enden spitz zulaufende Schupfnudeln formen, in siedendem Salzwasser ein paar Minuten ziehen lassen, bis sie an die Oberfläche steigen. Dann herausnehmen und abtropfen lassen.
4 Die Schupfnudeln kurz vor dem Servieren in einer Pfanne mit Butter anschwenken oder nach Belieben eine sanfte Farbe annehmen lassen.

Tipp: Für die Verarbeitung zu Kartoffelteigen (für Gnocchi, Schupfnudeln, Kroketten) ist es wichtig, dass gekochte Kartoffeln gut ausdampfen. Deshalb die Kartoffeln nach dem Abschütten des Kochwassers wieder in den Topf geben und auf der noch warmen Herdplatte gut ausdampfen lassen. Damit die Masse luftig wird und nicht zäh wie Kleister, sollten die Kartoffeln entweder mit einem Stampfer oder mit einer Presse zerdrückt werden, niemals aber mit dem Mixer oder dem Pürierstab. Da Kartoffelteige durch zu langes Stehen nachfeuchten und weich werden, sollten sie immer erst kurz vor dem Gebrauch zubereitet werden.

FÜR 2 PERSONEN

400 g Kartoffeln, mehligkochend
3 Eigelb
1-2 EL Mehl
Salz, Pfeffer, Muskatnuss
Butter

RÖSTI

VON VINCENT KLINK

FÜR 2 PERSONEN

300 g Kartoffeln, mehligkochend
Butter zum Anbraten
Pfeffer, Salz

ZUBEREITUNG

1 Für die Rösti die Kartoffeln roh schälen und grob raspeln. Die Kartoffelspäne in ein Küchentuch geben und fest ausdrücken.

2 In eine beschichtete, nicht zu hohe Pfanne etwas Butter geben und die Kartoffeln gleichmäßig darin verteilen. Bei geringer Hitze die Rösti langsam von beiden Seiten goldbraun braten. Zum Schluss mit Pfeffer und Salz würzen.

Rund um die Rösti

Um die Rösti-Zubereitung ranken sich viele Glaubenskämpfe. Umstritten ist zum Beispiel, ob man rohe oder gekochte Kartoffeln verwendet – wir empfehlen daher: jedem das Seine.
Wird die Rösti aus rohen Kartoffeln zubereitet, empfehlen wir die Verwendung mehligkochender Kartoffelsorten. Wichtig ist zudem, die rohen Kartoffelraspel gut auszudrücken, bevor man sie in die Pfanne gibt.
Für Rösti aus vorgekochten Kartoffeln eignen sich besonders festkochende Kartoffeln. Allerdings sollte man darauf achten, dass die Kartoffeln nicht zu weich gekocht wurden.
Für beide Varianten empfiehlt sich für die Röstizubereitung eine beschichtete Pfanne. Darin die Rösti langsam bei geringer Hitze braten, damit sie nicht nur außen schön knusprig, sondern auch innen warm und gar sind.
Geübte Köche und Köchinnen wenden die auf der Unterseite gut gebräunte Rösti wie einen Pfannkuchen schwungvoll in der Pfanne. Man kann sie aber auch auf einen Teller stürzen und dann wieder vorsichtig in die Pfanne gleiten lassen.

KARTOFFELGRATIN
VON VINCENT KLINK

ZUBEREITUNG

1 Die Kartoffeln schälen, in feine Scheiben hobeln und ca. 0,5 cm hoch in eine gebutterte Auflaufform schichten. Alles mit etwas Salz, Pfeffer und Muskat würzen. Gemüsebrühe und Sahne angießen und mit Käse bestreuen.
2 Im vorgeheizten Backofen das Gratin bei 180 °C ca. 20 Minuten garen.

FÜR 2 PERSONEN

500 g Kartoffeln, festkochend
Butter
Salz, Pfeffer, Muskatnuss
100 ml Gemüsebrühe
100 ml Sahne
60 g Bergkäse, gerieben

Die Kartoffel

Ganze Bücher ließen sich über die Kartoffel füllen, ist das Nachtschattengewächs doch in Europa das Grundnahrungsmittel Nummer eins und kann auf eine lange und bewegte Geschichte zurückblicken. Woher die Knolle ursprünglich stammt, kann nicht zweifelsfrei geklärt werden – als gesichert gilt, dass sie 1555 von den Anden nach Spanien gebracht wurde. Die landwirtschaftliche Nutzung allerdings begann erst viel später, nämlich in der zweiten Hälfte des 18. Jahrhunderts. In Preußen musste gar Friedrich der Große mit staatsmännischen Verordnungen der Kartoffel auf die Sprünge helfen.
Heutzutage gibt es weltweit rund 5000 Kartoffelsorten, wovon in Deutschland 206 Sorten vom Bundessortenamt zugelassen sind. China ist der größte Kartoffelproduzent weltweit mit rund 67 Mio. Tonnen. Deutschland belegt mit rund 11 Tonnen immerhin noch den siebten Platz.

Kartoffelkroketten

von Vincent Klink

ZUBEREITUNG

1 Die Kartoffeln schälen und in Salzwasser weich kochen. Abschütten, zurück in den Topf geben und kurz auf der heißen Herdplatte ausdampfen lassen. Dann noch heiß durch eine Presse drücken, Eigelb und 4 EL Mehl untermischen und mit Salz, Pfeffer und Muskat würzen.

2 Die Kartoffelmasse etwas abkühlen lassen und zu ca. 2 cm starken Rollen formen, die in ca. 3 cm lange Stücke geschnitten werden. Die Stücke zu Kugeln formen, in Mehl wenden, durch die verquirlten Eier ziehen und in Semmelbröseln panieren.

3 In einem Topf mit heißem Olivenöl die Bällchen hellbraun ausbacken.

FÜR 2 PERSONEN

250 g Kartoffeln, mehligkochend
3 Eigelb
etwas Mehl
Salz, Pfeffer, Muskatnuss
2 Eier
ca. 200 g Semmelbrösel
Olivenöl zum Ausbacken

Risotto Milanese

von Vincent Klink

FÜR 2 PERSONEN

100 g Risottoreis (Arborio Superfino oder Carnaroli Superfino)
50 g Butter
2 Schalotten, gewürfelt
1 Knoblauchzehe
1 l Fleisch-, Hühner- oder Gemüsebrühe
2 g Safran
etwas geriebener Parmesan

ZUBEREITUNG

1 Den Reis mit 1 TL Butter, den Schalotten und der gepressten Knoblauchzehe in einen heißen Topf geben und glasig dünsten. Sobald die Schalotten oder der Reis beginnen, Farbe anzunehmen, den Reis mit der Brühe ablöschen und anschließend so lange mit Brühe auffüllen, bis die Brühe doppelt so hoch ist wie die Reismenge. Dann den Safran dazugeben.

2 Immer wieder rühren und darauf achten, dass nichts anbrennt. Sobald die Flüssigkeit aufgesaugt ist, erneut Brühe hinzugießen.

3 Ist das Risotto im Kern weich, aber noch bissfest, wird die restliche Butter in großen Flocken mit dem Kochlöffel eingearbeitet, Risotto dabei gleichzeitig vom Feuer nehmen. Das Risotto auf Tellern anrichten und mit geriebenem Parmesan bestreuen.

Wissenswertes rund um Risotto

Jedes Risotto ist generell sehr einfach zuzubereiten, wenn man den richtigen Reis hat. Keinesfalls darf man normalen Milchreis nehmen, auch wenn beide Sorten auf den Namen »Rundkorn« hören. Arborio ist die billigste Sorte. Das Risotto wird mit den Sorten Carnaroli oder Violano Nano jedoch um einiges besser. Entscheidend ist aber in allen Fällen das kleine Korn, das sich auf der Verpackung Riso Superfino nennt.

Risotto mit Pilzen

von Otto Koch

ZUBEREITUNG

1 1 fein geschnittene Zwiebel in Butter glasig anschwitzen. Den Reis zugeben und rühren, bis er ebenfalls glasig ist. Mit der Brühe auffüllen, aufkochen lassen und dann die Hitze zurücknehmen.

2 Unter gelegentlichem Rühren 15-18 Minuten sachte köcheln lassen.Wenn der Reis dickflüssig wird, langsam den Wein zugießen. Kurz bevor das Gericht fertig ist, eventuell noch etwas Wein oder Wasser zugeben, bis eine breiartige Konsistenz erreicht wird. Abschmecken mit Salz, Pfeffer und dem Parmesan.

3 Die geschnittenen Pilze in Olivenöl mit 1 fein geschnittenen Zwiebel anbraten. Salzen und pfeffern. Gehackte Petersilie dazugeben und unter den Reis mischen. Sofort anrichten.

FÜR 2 PERSONEN

2 Zwiebeln, fein geschnitten
25 g Butter
150 g Risottoreis (Arborio oder Carnaroli)
1/4 l Rinderbrühe
1 dl trockener Weißwein
Salz, Pfeffer
frisch geriebener Parmesan
200 g Pilze (Champignons, Pfifferlinge oder Austernpilze)
Olivenöl
2 EL gehackte Petersilie

TOMATENRISOTTO

VON RAINER STROBEL

FÜR 2 PERSONEN

Öl
1 Zwiebel, fein geschnitten
2 Stangen Staudensellerie, in dünnen Scheiben
100 g Risottoreis (Arborio oder Carnaroli)
1/2 l Gemüsebrühe
1/2 l Tomatensaft
Salz, Pfeffer
2 Tomaten
2 EL Butter
2 EL frisch geriebener Parmesan
1/2 Bund Basilikum, fein geschnitten

ZUBEREITUNG

1 In einem Topf mit etwas Öl Zwiebel und Sellerie andünsten. Reis dazugeben und glasig werden lassen.

2 Dann unter ständigem Rühren schöpfkellenweise immer wieder mit Brühe und Tomatensaft ablöschen. Mit Salz und Pfeffer würzen. Je nach Reissorte das Risotto ca. 14 - 18 Minuten garen lassen.

3 Die Tomaten enthäuten, entkernen und in feine Würfel schneiden. Am Ende der Garzeit Tomatenwürfel, Butter, Parmesan und Basilikum unter das Risotto mischen und nochmals abschmecken.

ZITRONENRISOTTO

VON JACQUELINE AMIRFALLAH

FÜR 2 PERSONEN

1 Stange Zitronengras
1 Zitrone, unbehandelt
1 Limone, unbehandelt
1 Zwiebel, fein gewürfelt
2 Tassen Risottoreis (z.B. Arborio)
Olivenöl
20 ml Weißwein (Riesling)
ca. 6 Tassen Fischfond oder Gemüsebrühe
Salz, Pfeffer

ZUBEREITUNG

1 Vom Zitronengras die äußeren trockenen Blätter entfernen, dann den Stängel mit dem Messerrücken platt drücken und sehr fein hacken.
2 Zitrone und Limone gut abwaschen, dann die Schale mit einer feinen Reibe abreiben (nicht zu tief abreiben, sonst wird es bitter). Die restliche Schale und die weiße Haut wegschneiden und das Fruchtfleisch würfeln.
3 Die gewürfelte Zwiebel in einem Topf mit Olivenöl anschwitzen. Den Reis zugeben und anbraten, bis er glasig ist. Zitronengras zufügen, mit Weißwein ablöschen und mit etwas Fond oder Brühe aufgießen. Das Risotto zugedeckt ca. 20 Minuten garen, dabei immer wieder umrühren und eventuell noch Brühe zugeben.
4 Zum Schluss etwas Schale und Fruchtfleisch von Limone und Zitrone untermischen und das Risotto mit Salz und Pfeffer abschmecken.

Zitronengras

Trotz seines Namens ist die in Südasien und Ostindien beheimatete Pflanze weder verwandt noch verschwägert mit den Zitrusgewächsen. Ihr Name rührt von ihrem Duft, denn beim Zerreiben entfaltet sich ein intensives Zitronenaroma. Gemäß ihrer Herkunft wird sie besonders gerne in der thailändischen und indischen Küche verwendet, erfreut sich aber auch in unseren Breitengraden einer immer größeren Beliebtheit und ist in jedem Asia-Shop und größeren Supermarkt erhältlich. Achtung: Zum Verzehr eignet sich nur der innere, weiße Teil der Pflanze.

Risotto

Mit dem Risotto entfernen wir uns von der klassischen gutbürgerlichen Küche und blicken über die Alpen, genau genommen nach Norditalien, woher das Risotto auch ursprünglich stammt und wo es in dutzenden Variationen zubereitet wird. Reis wird in Italien seit der Renaissance in der Po-Ebene angebaut, und das erste Risotto ließ bei der Kreativität in der italienischen Küche sicher nicht allzu lange auf sich warten. Der Fantasie sind auch bei Eigenkreationen kaum Grenzen gesetzt, denn die Grundzutat – der spezielle Rundkornreis – harmoniert mit einer Fülle von Gemüsen, Gewürzen und sogar Obst. Die bekanntesten Risottosorten sind Arborio, Vialone und Carnaroli, die man inzwischen in fast jedem Supermarkt kaufen kann.

Doch obwohl ein Risotto eine ganz besonders leckere Beilage ist, leicht zuzubereiten und zu fast allen Gerichten passt, wird es hierzulande eher stiefmütterlich behandelt. Mehr als schade eigentlich, denn einen Versuch ist es auf jeden Fall wert!

Desserts und Süß-speisen

Was wäre ein Essen ohne ein Dessert? Zumindest wäre es kaum vorstellbar – denn nichts rundet ein deftiges Mahl besser ab als eine süße Verführung zum Schluss. Sahnig-cremig und zart schmelzend oder süß und fruchtig – allein bei den Worten läuft einem das Wasser im Mund zusammen. Kommt dann auch noch der Duft von Zimt und Butter, das Rot von frischen reifen Erdbeeren und die Farbpalette von Waldbeeren hinzu, dann ist es um uns geschehen.
Doch wann machen wir noch Rote Grütze selbst? Oder eine Quarkcreme oder Vanillesauce? In Zeiten, in denen alles fix und fertig im Kühlregal steht, wird nur allzu oft auf derlei Angebote zurückgegriffen, sei es aus Zeitmangel oder weil es so praktisch ist. Diesem Trend wollen wir gegensteuern und unsere lieb gewonnenen Dessert-Rezepte vor dem Aussterben retten. Und der unvergleichliche Geschmack einer selbst gemachten Roten Grütze gibt uns Recht! Doch unser Artenschutz gilt nicht nur für Desserts, sondern erstreckt sich auch auf die eine oder andere fast in Vergessenheit geratene Süßspeise – damit wir auch in Zukunft die einfachen und unschlagbar guten Gerichte mit so wohlklingenden Namen wie Armer Ritter genießen können.
Und zum Schluss geben wir Ihnen noch einen Tipp: Lassen Sie die Zeitnot einmal beiseite. Lehnen Sie sich zurück und lassen Sie sich unsere Rezepte auf der Zunge zergehen. Sie werden sehen: Sie wirken wie ein Kurzurlaub, denn sie machen glücklich!

KEINE ANGST VOR GELATINE

Der Umgang mit Gelatine ist eigentlich völlig unproblematisch – immer gesetzt den Fall, Sie halten sich an die eine oder andere Regel. Wie? Die kennen Sie nicht? Dann lesen Sie einfach weiter.
Gelatine ist in zwei Formen im Handel erhältlich: entweder als Granulat oder in Form von dünnen Gelatineblättern. Letztere sind dem Granulat in jedem Fall vorzuziehen, denn sie sind in der Handhabung deutlich einfacher. Keinesfalls aber dürfen sie dem Gericht trocken beigegeben werden, sondern immer nur vorgequollen. Dafür gibt man sie in kaltes Wasser und lässt sie dort 15 Minuten quellen. Doch Vorsicht: Das Wasser muss kalt sein – denn bereits in handwarmem Wasser hätten Sie nachher nichts mehr zum Ausdrücken, weil die Gelatine sich aufgelöst hätte. Nimmt man die eingeweichte Gelatine aus dem Wasser, so muss man sie gut ausdrücken, denn das enthaltene Wasser würde selbstverständlich die Rezeptur verwässern.
Aufgelöst wird die Gelatine schließlich in heißer Flüssigkeit und danach wird sie unter die zu bindende Creme gemischt. Und auch hier gibt es eine Regel, und die heißt Angleichen. Unter Angleichen versteht man, dass die Gelatine erst unter einen kleinen Teil der Creme gerührt wird – und erst, wenn alles gut vermischt ist, wird dieser Creme-Teil mit Gelatine zum Rest gegeben und mit diesem verrührt. Man verhindert damit zweierlei: Zum einen wird eine empfindliche Creme durch die heiße Gelatine nicht zu warm, zum anderen können sich auf diese Weise keine unangenehmen Gelatineschlieren bilden.
Und noch eins zum Schluss: Kommt Gelatine in ein säurereiches Gericht oder wird sie stark mitgekocht, dann nimmt die Gelierfähigkeit um ungefähr 20 Prozent ab.

WEITERE TIPPS RUND UM SÜSSSPEISEN

Ein Tipp zum Sahneschlagen: Es gibt seltsame Gerüchte, die besagen, dass bei Gewitterstimmung geschlagene Sahne nicht gelingt. Aber das Ge- und Misslingen von Schlagsahne hat weder mit dem Wetter zu tun, noch liegen die Gründe im Zwischenmenschlichen. Einzig und allein die Temperatur ist entscheidend. Haben wir also schwüles, warmes Wetter, so muss die Sahne umso mehr gekühlt sein, wenn nicht gar fast gefroren. Und wer genügend Platz in der Tiefkühltruhe hat, der kann auch die Quirlstäbe und den Behälter, der zum Schlagen verwendet wird, kühlen.

Zum Schlagen von Eiweiß: Damit sich Eiweiß schön aufschlagen lässt, müssen die Arbeitsgeräte sauber und vor allem fettfrei sein. Außerdem darf natürlich kein noch so kleines bisschen Eigelb in das Eiklar gelangt sein. Soll das Eiweiß süß sein, dann schlägt man es nicht mit dem gesamten Zucker auf, sondern lässt diesen erst nach und nach einrieseln.

Zum richtigen Umgang mit Kuvertüre: Damit von Kuvertüre überzogenes Gebäck schön glänzt und nicht grau und streifig aussieht, muss die Kuvertüre temperiert und bei einer bestimmten Temperatur, nämlich 32 °C, verarbeitet werden. Dafür wird die Kuvertüre gehackt und über einem Wasserbad vollständig geschmolzen. Anschließend muss sie wieder heruntergekühlt werden – auf ca. 25-28 °C. Das ist unbedingt erforderlich, da die in der Kuvertüre enthaltene Kakaobutter aus vier verschiedenen Fettsäuren besteht. Diese Fettsäuren haben alle einen unterschiedlichen Schmelz- und Erstarrungspunkt. Durch das Herunterkühlen und das anschließende erneute Erwärmen auf ca. 32-33 °C erreicht man, dass die Fettsäuren alle zum gleichen Zeitpunkt fest werden. Hält man diese Reihenfolge nicht ein, wird die Kuvertüre streifig, grau, unansehnlich und instabil. Hat man die Kuvertüre nach dem Abkühlen versehentlich doch zu stark erwärmt, zum Beispiel auf 36 °C, so muss man sie erneut herunterkühlen!

Blätterteig – die Kunst der tausend Blätter: Blätterteig, das ist nichts anderes als Mehl, Wasser und Butter. Die Butter, das Fett also, dient als Treibmittel und der Teig besteht, mikroskopisch betrachtet, aus Schichten von Mehl-Wasser-Teig und Fett. Er wird immer wieder zusammengeklappt und ausgewellt, bis auf diese Weise bis zu hundert haarfeine Schichten entstehen. Auf Französisch heißt der Teig deshalb auch »Millefeuille« – Tausendblätter. Haben wir vom Blätterteig Teigrestchen übrig, so dürfen diese keinesfalls zusammengeknüllt werden. Stattdessen legt man sie übereinander und rollt sie dann wieder aus. Dann hat der Teig vielleicht statt 60 Schichten 120 und geht eventuell nicht mehr so gut auf, weil er »übertourt« ist. Doch zum Auslegen von Kuchenformen kann man ihn auf alle Fälle noch problemlos verwenden!

Zur Verwendung von übrig gebliebenem Eiweiß: Oft kommt es vor, dass beim Kochen oder Backen, Eiweiß übrig bleibt. Dafür empfehlen wir ein altes französisches Dessert: Ile Flottante. Man nimmt auf 1 Eiweiß 1/2 TL Zucker und schlägt beides gerade so steif, dass man mit einem großen Esslöffel eiförmige Gebilde abstechen kann. Dann wird gesüßte Milch zum Kochen gebracht und ein ausgestochenes Ei nach dem anderen in die sanft köchelnde Milch gegeben. Sind alle Eier drin, den Topf vom Herd nehmen und einen Deckel draufgeben. Nach 15 Minuten sind die Eier fest und werden in der heißen Milch serviert.
Auch zum Klären einer Brühe können Sie Eiweiß verwenden: Dazu erkaltete trübe Fleischbrühe mit Eiweiß gut durchquirlen (2 Eiweiß pro Liter) und zum Kochen bringen. Wallt die Brühe, auf kleinem Feuer ganz sanft weiterköcheln lassen und immer wieder vorsichtig mit dem Bratenwender auf dem Boden scharren, damit das Eiweiß nicht ansetzt. Nach ca. 15 Minuten kann das Eiweiß abgeschöpft werden, die Brühe ist dann klar.

ROTE GRÜTZE MIT VANILLESAUCE

VON VINCENT KLINK

FÜR 2 PERSONEN

2 Vanilleschoten
500 g rote Beeren (Himbeeren, Johannisbeeren, Erdbeeren)
4 Blatt Gelatine
1/4 l Orangensaft
4 cl Grand Marnier
150 g Zucker
10 g Speisestärke
1/2 l Milch
4 Eigelb

ZUBEREITUNG

1 Die Vanilleschoten halbieren und das Mark herauskratzen. Die Beeren putzen, die Gelatine in kaltem Wasser einweichen.

2 Das Mark von 1 Vanilleschote mit Orangensaft, Grand Marnier und 50 g Zucker in einen Topf geben. Die Beeren dazugeben und erwärmen. Kurz vor dem Aufkochen den Topf vom Herd ziehen und die eingeweichte Gelatine darin auflösen (s. S. 176).

3 Die rote Grütze in Dessertschalen oder Tassen füllen und über Nacht im Kühlschrank fest werden lassen.

4 Für die Vanillesauce die Stärke mit 2 EL Milch glatt rühren.

5 Das restliche Vanillemark mit Milch und 100 g Zucker aufkochen, die Stärke dazugeben und einmal aufkochen lassen. Dann den Topf vom Herd ziehen und die Eigelb mit einem Pürierstab untermixen.

6 Die Sauce lauwarm oder kalt zur Roten Grütze servieren. Vor dem Anrichten nochmals kurz aufmixen.

Rote Grütze

Die einfach zuzubereitende Spezialität aus Norddeutschland und Skandinavien erfreut sich mittlerweile in weit mehr Gegenden allergrößter Beliebtheit. Sie wird immer kalt serviert und klassischerweise in Begleitung einer Vanillesauce oder purer Sahne.

Überbackene Waldbeeren

von Rainer Strobel

FÜR 2 PERSONEN

30 g Mandelblättchen
500 g frische Waldbeeren
65 g Zucker
4 cl Grand Marnier
1/2 Bund Zitronenmelisse
3 Eigelb
2 cl Amaretto
100 ml Milch
100 ml Sahne
25 g Sahne, geschlagen

ZUBEREITUNG

1 Die Mandelblättchen in einer Pfanne ohne Fett rösten.

2 Die Beeren auslesen und putzen. Dann mit 50 g Zucker bestreuen und 10-20 Minuten mit dem Grand Marnier marinieren. Die Zitronenmelisse fein schneiden und unter die Beeren mischen. Dann die Beeren in zwei feuerfeste Schälchen geben.

3 Eigelb mit restlichem Zucker und Amaretto im Wasserbad aufschlagen. Milch und flüssige Sahne zugeben und weiterschlagen, bis die Masse nur noch warm ist. Würde man sie heiß stehen lassen, so würde der Eianteil fest werden. Zum Schluss die geschlagene Sahne und die Mandelblättchen unterheben.

4 Die Creme über die Beeren geben und unter dem vorgeheizten Grill so lange überbacken, bis die Oberfläche leicht gebräunt ist. Die überbackenen Beeren gleich servieren. Dazu passt sehr gut Vanilleeis.

Gebackene Erdbeeren mit Weinschaumsauce

von Rainer Strobel

ZUBEREITUNG

1 Mehl, Bier, Öl, 2 Eigelb und Salz kurz zu einem glatten Teig verrühren und anschließend mindestens 15 Minuten ruhen lassen. Achtung: Den Teig nicht länger rühren als unbedingt notwendig, da er sonst beim Backen zäh wird.
2 Vor dem Backen das Eiweiß mit dem Zucker zu einem festen Schnee schlagen und vorsichtig unter den Teig heben.
3 Die Erdbeeren waschen, putzen und trockentupfen, mit etwas Mehl bestäuben und danach in den Teig tunken. Die Erdbeeren in einer tiefen Pfanne in 160 °C heißem Fett ca. 2 Minuten backen. Ob das Fett die richtige Temperatur hat, kann man überprüfen, indem man ein Kartoffel- oder Apfelstückchen hineingibt. Fängt es an zu brutzeln, dann können die Erdbeeren ebenfalls hinein. Nach 2 Minuten herausnehmen, auf Küchenkrepp abtropfen lassen und mit Puderzucker bestäuben.
4 In einer Metallschüssel die 2 restlichen Eigelb und das Ei mit dem Weißwein und 80 g Puderzucker im Wasserbad schaumig schlagen. Am Anfang muss man sich dabei nicht verausgaben, denn das eigentliche Andicken passiert erst, wenn die Flüssigkeit ungefähr 60 °C heiß ist. Sobald die Weinschaumsauce fertig ist, sofort mit den Erdbeeren servieren.

FÜR 2 PERSONEN

140 g Mehl
1/8 l Bier
2 EL Öl
4 Eigelb
1 Prise Salz
2 Eiweiß
10 g Zucker
400 g Erdbeeren
etwas Mehl
Butterschmalz oder Pflanzenfett zum Ausbacken
Puderzucker
1 Ei
1/8 l Weißwein

Marillenknödel

von Otto Koch

FÜR 2 PERSONEN

250 g Magerquark
2 Eigelb
3–4 EL Mehl
1 Prise Salz
4 reife Aprikosen
4 Würfelzucker
50 g Butter
50 g Semmelbrösel
ca. 1 EL Zucker

ZUBEREITUNG

1 Den Quark auf ein grob gewebtes Baumwolltuch geben und am besten hängend einige Stunden abtropfen lassen oder aber sehr gut auspressen.

2 Den abgetropften Quark mit den Eigelb vermischen und langsam das Mehl zugeben. Nur so viel Mehl zugeben, bis der Teig so fest ist, dass man ihn zu Kugeln formen kann. Zuletzt 1 Prise Salz untermischen und den Teig 15 Minuten ruhen lassen.

3 Den Teig zu einer Rolle formen, die im Durchmesser etwas größer als die Aprikose sein muss. Von der Rolle daumendicke Stücke abschneiden und diese flach drücken.

4 Die Aprikosen einschneiden, den Kern entfernen und diesen durch 1 Stück Würfelzucker ersetzen. Die flachen Teigstücke um die Aprikosen drücken und Knödel formen. Dabei darauf achten, dass die einzelnen Aprikosen vollständig mit Teig umhüllt sind. Die Knödel in siedendes Wasser geben und ca. 10 Minuten garen lassen, bis sie aufsteigen.

5 In der Zwischenzeit die Butter in einem kleinen Topf schmelzen, die Brösel zugeben und leicht bräunen lassen. Mit Zucker abschmecken. Die Marillenknödel anrichten und mit den Butterbröseln übergießen.

Gestürzter Reispudding mit Rhabarberkompott

von Vincent Klink

FÜR 2 PERSONEN

90 g Milchreis
1/2 l Milch
1 EL Butter
1 Vanilleschote
2 Msp. abgeriebene Schale von 1 unbehandelten Orange
4 Blatt Gelatine
125 ml Sahne, geschlagen
2 mittelgroße Stangen Rhabarber
100 ml trockener Weißwein
Zucker
1 TL Speisestärke
1 EL Orangensaft
1 Spritzer Grand Marnier

ZUBEREITUNG

1 Reis mit der Milch und 1 TL Butter in einen Topf geben. Die Vanilleschote aufschneiden, das Mark herauskratzen und zusammen mit der Schote in die Milch geben. Alles aufkochen und anschließend bei geringer Hitze unter ständigem Rühren den Reis in ca. 20 Minuten weich kochen. Nach 10 Minuten die Gelatine in kaltem Wasser einweichen. Ungefähr 3 Minuten vor Garzeitende die Orangenschale und 40 g Zucker unterrühren.

2 Den Topf vom Herd nehmen, die Vanilleschote aus dem gegarten Milchreis nehmen und die eingeweichten und ausgedrückten Gelatineblätter untermischen. Den Milchreis lauwarm abkühlen lassen und die geschlagene Sahne unterheben. Die Masse in eine gebutterte und gezuckerte Auflaufform oder in kleine Förmchen füllen und den Reispudding über Nacht kalt stellen.

3 Für das Kompott den Rhabarber schälen und in ca. 3 cm lange Stücke schneiden. Rhabarber mit dem Wein in einen Topf geben und 1 TL Zucker zufügen, ca. 5 Minuten pochieren, also ganz sanft köcheln lassen. Dann die Stärke erst mit dem Orangensaft anrühren und anschließend zum Rhabarber geben. Alles zusammen noch mal kurz aufkochen, bis das Kompott andickt. Den Grand Marnier dazugeben und das Kompott auskühlen lassen.

4 Den Reispudding stürzen und mit dem Rhabarberkompott anrichten.

Joghurtterrine mit Zitrusfrüchten

von Rainer Strobel

ZUBEREITUNG

1 Eine Terrinenform ins Eisfach stellen. Orange, Blutorange und Grapefruit heiß waschen, trocknen, schälen, filetieren und den Saft dabei auffangen.

2 In zwei Schalen einmal 2 und einmal 4 Blatt Gelatine in kaltem Wasser einweichen.

3 Die Limetten auspressen. Joghurt, Crème fraîche, Limettensaft und Puderzucker miteinander verrühren und die Sahne steif schlagen. Die 4 Blatt Gelatine in einem Topf auflösen, mit etwas Sahne angleichen (s. S. 176) und unter die Schlagsahne ziehen. Dann die Sahne vorsichtig unter die Joghurtmasse mischen.

4 Die Terrinenform aus dem Eisfach nehmen und mit Frischhaltefolie auslegen. Die Hälfte der Joghurtmasse in die Form geben.

5 Saft der Zitrusfrüchte leicht erhitzen, je nach Geschmack leicht süßen und die restliche Gelatine darin auflösen. Dann mit den Fruchtfilets mischen.

6 Alles auf die schon gut gekühlte Joghurtmasse in der Form geben und gleichmäßig verteilen. Kurz anziehen lassen und die restliche Joghurtmasse daraufgeben. Mit Folie abdecken und ca. 3 Stunden, besser über Nacht, kühl stellen.

7 Zum Servieren die Terrine aus der Form stürzen, vorsichtig in Scheiben schneiden und anrichten. Nach Belieben noch Fruchtfilets dazugeben.

FÜR 2 PERSONEN

1 Orange
1 Blutorange
1 Grapefruit
6 Blatt Gelatine
2 Limetten
150 g fettarmer Joghurt
150 g Crème fraîche
ca. 100 g Puderzucker
150 g Sahne

KLASSISCHER PUDDING MIT VANILLE UND GLACIERTEN BIRNEN

ALLE REZEPTE VON VINCENT KLINK

FÜR 2 PERSONEN

Für den Pudding
1 Vanilleschote
125 g Butter
125 g Zucker
4 Eigelb
4 Eiweiß
150 g Löffelbiskuit
75 g geriebene Mandeln
40 ml Weinbrand

Für die Birnen
1-2 Birnen
etwas Butter zum Anbraten
2-3 EL Zucker zum Karamellisieren
2 cl Birnenschnaps
50 ml Weißwein

ZUBEREITUNG

1 Den Ofen auf 180 °C vorheizen, die Vanilleschote halbieren und das Mark herausstreichen. Butter, Zucker und Vanillemark schaumig rühren und nach und nach das Eigelb untermischen. Das steif geschlagene Eiweiß unterheben.
2 Die Löffelbiskuit fein reiben und mit den Mandeln mischen. Beides ebenfalls unter die Masse heben und mit dem Weinbrand abschmecken.
3 Kleine Auflaufformen ausbuttern und mit Zucker ausstreuen. Die Puddingmasse zu 2/3 in die Förmchen füllen, da der Pudding noch etwas aufgeht. Im vorgeheizten Ofen ca. 30 Minuten im Wasserbad backen, dann aus der Form stürzen und lauwarm mit den glacierten Birnen servieren.
4 Für die glacierten Birnen das Obst nach Belieben schälen und in Spalten schneiden. Die Birnen in etwas Butter anschwitzen und mit Zucker bestreuen. Den Zucker karamellisieren lassen und zum Schluss mit Birnenschnaps und Weißwein ablöschen. Kurz aufkochen lassen und anrichten.

Beim Pudding ist einiges durcheinandergeraten, denn was man sich in Tüten als Puddingpulver kauft und unter diesem Namen auf den Tisch bringt, ist streng genommen gar kein Pudding.
Einen echten Pudding könnte man nämlich besser als Auflauf bezeichnen. Dabei gibt es zwei Arten. Zum einen wird die Flüssigkeit mit Stärke gebunden, zum anderen wird Butter mit Zucker schaumig gerührt und süße Brösel (z.B. Biskuit) zugegeben. Gleich ist beiden Zubereitungsarten, dass anschließend Eischnee unter die Grundmasse gehoben wird und alles im Backofen bei 150-180 °C im Wasserbad pochiert wird.

Vanille-Flammeri

ZUBEREITUNG

1 400 ml Milch mit der Hälfte des Zuckers auf dem Herd zum Kochen bringen.

2 Die Vanilleschote aufschneiden und das Mark herausstreichen. Die Stärke mit Vanillemark vermischen und mit der restlichen kalten Milch anrühren. Die flüssige Stärke in die heiße Milch geben und unter ständigem Rühren 2 Minuten sorgfältig kochen. Dann den Topf vom Herd ziehen.

3 Das Eigelb mit dem restlichen Zucker schaumig rühren und unter die heiße Masse mischen. Dann in eine Schüssel umfüllen und auskühlen lassen.

FÜR 4 PERSONEN

500 ml Milch
80 g Zucker
1 Vanilleschote
50 g Speisestärke
1 Eigelb

Schokoladen-Flammeri

ZUBEREITUNG

1 500 ml Milch mit der Kuvertüre auf dem Herd zum Kochen bringen.

2 Die Stärke mit dem Kakao vermischen und mit der restlichen kalten Milch anrühren. Die flüssige Stärke in die heiße Milch geben und unter ständigem Rühren 2 Minuten sorgfältig kochen. Dann den Topf vom Herd ziehen.

3 Das Ei mit dem Zucker schaumig rühren und unter die heiße Masse mischen. Dann in eine Schüssel umfüllen und auskühlen lassen.

FÜR 4 PERSONEN

600 ml Milch
80 g Kuvertüre
50 g Speisestärke
20 g Kakao
1 Eigelb
50 g Zucker

Geeiste Cavaillon-Melone mit Sekt und weissem Pfirsich

Alle Rezepte von Vincent Klink

FÜR 4 PERSONEN

2 Melonen
1 reifer weißer Pfirsich
1 Zweig Zitronenmelisse
1 EL Puderzucker
1/2 Flasche Sekt

ZUBEREITUNG

1 Die Melonen halbieren, die Kerne mit einem Suppenlöffel herauslöffeln und anschließend mit einem Teelöffel möglichst runde Stücke aus den Melonen herauslösen.
2 Den Pfirsich für ca. 15 Sekunden in kochendes Wasser geben, schälen, entkernen und in viereckige Würfel schneiden.
3 Die Hälfte des Melonenfleischs mit dem Pürierstab durchmixen und bei Belieben mit etwas Zucker süßen. Die restlichen Melonen- und Pfirsichstücke, den Sekt sowie die fein gehackte Zitronenmelisse darunterrühren. Alles in die ausgehöhlten Melonenschalen geben und auf gestoßenem Eis servieren.

Tipp: Alle Zutaten sollten möglichst kalt sein.

Himbeersorbet

ZUBEREITUNG

1 Zucker und Wasser in einen Topf geben. Aufkochen und anschließend auskühlen lassen. Diesen Flüssigzucker nennt man Läuterzucker; er wird in der Patisserie häufig verwendet.
2 Himbeeren (einige zur Garnitur übrig lassen) mit dem Läuterzucker kurz mixen, durch ein Sieb passieren und den Himbeergeist dazugeben. In einer Eismaschine (Sorbetière) abkühlen lassen. Das Sorbet in eine Sektschale geben. Mit ein paar Himbeeren garnieren. Hat man keine Sorbetière, kann man das auch in Handarbeit erledigen: Einfach alle halbe Stunde mit dem Schneebesen durch die gefrierende Masse (Kühltruhe) gehen.

FÜR 4 PERSONEN

150 g Zucker
1/4 l Wasser
500 g Himbeeren
4 cl Himbeergeist

Kardamom-Zitronensorbet

ZUBEREITUNG

Alles miteinander verrühren und in eine Sorbetière geben – oder eben wieder selbst rühren.

FÜR 4 PERSONEN

160 g Zucker
150 ml Wasser
200 ml frischer Zitronensaft
150 g Mangofruchtfleisch
2 Msp. Kardamom
2 Msp. Sternanis
2 Msp. Zimt

APFELPFANNKUCHEN MIT PREISELBEERSAUCE

VON OTTO KOCH

FÜR 2 PERSONEN

100 g Mehl
2 Eier
100 ml Milch
2-3 EL Zucker
1 Prise Salz
2 Äpfel, z.B. Boskop
1 Spritzer Zitronensaft
70 g Preiselbeeren aus dem Glas, ungezuckert
100 g Crème double
1 Spritzer Grenadine
Butterschmalz
etwas Puderzucker

ZUBEREITUNG

1 Mehl, Eier, Milch, 1 EL Zucker und Salz zu einem glatten Teig verrühren und 20 Minuten ruhen lassen.
2 Ofen auf 200 °C vorheizen. Äpfel schälen, in Spalten schneiden und in Zitronenwasser legen.
3 Für die Sauce die Preiselbeeren mit Crème double mischen und mit 1-2 EL Zucker und Grenadine abschmecken.
4 Den Teig in eine Pfanne mit feuerfestem Griff mit zerlassenem Butterschmalz geben. Darauf die Apfelspalten verteilen und im vorgeheizten Ofen ca. 20 Minuten garen, kurz vor Ende der Garzeit mit Puderzucker bestreuen und diesen unter der Grillschlange karamellisieren.
5 Den Apfelpfannkuchen halbieren und mit der Preiselbeersauce anrichten.

ÄPFEL IM SCHLAFROCK
VON OTTO KOCH

FÜR 2 PERSONEN

2 kleine saftige Äpfel, z.B. Jonathan
Saft von 1 Zitrone
60 g Marzipan
1 Paket Blätterteig (TK)
3 Eigelb
2 Vanilleschoten
1/4 l Milch
2 EL Zucker

ZUBEREITUNG

1 Backofen auf 210 °C vorheizen, die Äpfel schälen, dabei ganz lassen und das Kerngehäuse rund ausstechen. Sofort mit Zitronensaft einreiben.
2 Das Innere der Äpfel mit Marzipan füllen und sie dann auf ein ausreichend großes Blätterteigquadrat stellen. Mit dem Blätterteig einschlagen. Die Überlappungen und die Außenflächen mit 1 Eigelb bepinseln und im vorgeheizten Ofen etwa 35 Minuten backen.
3 Für die Sauce die Vanilleschoten aufschlitzen, das Mark mit einem Löffel herausstreichen und alles mit der Milch aufkochen lassen.
4 Den Topf vom Herd nehmen und unter ständigem Schlagen mit dem Schneebesen Zucker und die restlichen 2 Eigelb dazugeben. Den Topf wieder auf die Platte stellen und weiterrühren, bis die Milch die gewünschte Dicke erreicht hat. Die Milch sollte nicht mehr kochen! Die Sauce kalt oder heiß zu den Äpfeln im Schlafrock servieren.

Der Apfel
Erst seit dem 16. Jhd. sind Äpfel Volksnahrungsmittel, doch seitdem erlebte das Kernobst eine rasante Karriere. Gab es zu Beginn des 17. Jahrhunderts rund 60 Apfelsorten, so wurden in Europa im 18. und 19. Jahrhundert bereits 4000 Sorten kultiviert. Davon sind heute leider wieder zwei Drittel verschwunden. Damit nicht noch mehr Sorten aussterben, gibt es mittlerweile Anstrengungen, die bedrohten regionalen Sorten durch Rettungspfropfung zu erhalten.

Armer Ritter mit Haselnusskrokant und Apfelmus

von Vincent Klink

ZUBEREITUNG

1 Nüsse in einer Pfanne ohne Fett hellbraun rösten.
2 170 g Zucker in einer Pfanne karamellisieren, Zitronensaft hinzufügen und die noch heißen Nüsse in den hellen Karamell mischen. Dann alles auf eine Steinplatte oder auf extrastarke Alufolie geben, flach auswellen und auskühlen lassen. Den abgekühlten Krokant zerbröseln.
3 Äpfel nach Belieben schälen, das Kerngehäuse entfernen und anschließend in Würfel schneiden.
4 Apfelsaft oder Wein in einen Topf füllen, restlichen Zucker und Zimtstange mit den Apfelwürfeln dazugeben, alles aufkochen lassen und bei geschlossenem Deckel 15 Minuten dünsten. Dann alles durch die »Flotte Lotte« oder ein grobmaschiges Sieb streichen.
5 Das Weißbrot in fingerdicke Scheiben schneiden. Eier und Milch verquirlen. Die Brotscheiben darin wenden, herausnehmen und in einer Pfanne mit Butterschmalz von beiden Seiten goldbraun braten.
6 Die Brotscheiben anrichten, mit Krokant bestreuen und mit dem Apfelmus servieren.

Armer Ritter

Egal, ob sie als »Arme Ritter«, »Rostige Ritter«, »Fotzelschnitten«, »Kartäuserklöße« oder »Pofesen« auftreten: Die Süßspeise, immer bestehend aus altbackenen Brötchen oder Weißbrotscheiben, war schon im alten Rom bekannt und galt im deutschsprachigen Raum zu Zeiten des 30-jährigen Krieges als »magerarmes Notessen«, woran verarmter Adel sich satt essen konnte. Ihr erster Eintrag in einem deutschen Kochbuch lässt sich übrigens auf das Jahr 1691 datieren, damals hießen sie »Güldene Schnitten«.

FÜR 2 PERSONEN

80 g gehackte Haselnüsse
200 g Zucker
1 EL Zitronensaft
4 Äpfel, z.B. Boskop
100 ml Apfelsaft oder Weißwein
1 Zimtstange
500 g Kastenweißbrot oder Baguette
2 Eier
200 ml Milch
2 EL Butterschmalz

Zwetschgenröster mit Kaiserschmarren

von Rainer Strobel

FÜR 2 PERSONEN

Für den Zwetschgenröster
500 g feste Zwetschgen
1 Orange, unbehandelt
1 Zitrone, unbehandelt
500 g Zucker
500 ml Rotwein
1 Vanilleschote
1 Zimtstange
2 Nelken
2 Sternanis

ZUBEREITUNG

1 Die Zwetschgen waschen, halbieren und entsteinen. Orangen- und Zitronenschale abreiben, die Früchte halbieren und den Saft auspressen.

2 Den Zucker in einem Topf karamellisieren lassen und mit Rotwein, Zitronen- und Orangensaft ablöschen. Den Abrieb von Zitrone und Orange ebenfalls zugeben.

3 Die aufgeschlitzte Vanilleschote und das ausgeschabte Mark, die Zimtstange, Nelken und Sternanis zugeben und auf die Hälfte einkochen. Dann die Zwetschgen zugeben und aufkochen lassen. Alles in eine Schüssel geben und kalt stellen. Die Vanilleschote entfernen.

4 Für den Kaiserschmarren das gesiebte Mehl mit Milch, Vanillezucker, Zitronenschale, Salz und Rum glatt rühren. Danach die Eier unter den Teig ziehen und den Backofen auf 200 °C vorheizen.

5 Butterschmalz in einer Pfanne mit feuerfestem Griff erhitzen. Den Teig in die Pfanne geben und mit Rosinen bestreuen.

Für den Kaiserschmarren
40 g Mehl
100 ml Milch
20 g Vanillezucker
1 TL abgeriebene Zitronenschale
1 Prise Salz
1 cl Rum
3 Eier
20 g Butterschmalz
20 g Rosinen
20 g Puderzucker
15 g Butter

6 Die Pfanne für ca. 5-6 Minuten in den vorgeheizten Backofen schieben, dann herausnehmen und den Kaiserschmarren wenden. Die Pfanne wieder auf den Herd geben.
7 Wenn der Kaiserschmarren auf der anderen Seite Farbe bekommen hat, reißen Sie ihn mit 2 Gabeln in ca. 4 x 4 cm große Stücke. Puderzucker darüberstreuen und die Butter in dünnen Scheiben auf dem Schmarren verteilen.
8 Dann bei starker Oberhitze im Backofen karamellisieren lassen, den Schmarren anrichten und mit Puderzucker bestreuen. Den Zwetschgenröster als Beilage dazu reichen.

Rund um Vanilleschoten

Meistens werden Vanilleschoten in Reagenzgläschen gehandelt. Beim Einkauf sollten Sie prüfen, ob sie nicht schon jahrelang dort gefangen und deshalb hart sind, denn die Schoten müssen noch einigermaßen weich sein.
Die Schote wird der Länge nach aufgeschlitzt, um dann das Mark herauszukratzen. Auf dieses Mark kommt es nämlich an. Kocht man Gerichte, in denen beispielsweise Milch aufgekocht wird, so gibt man die Schalen der Vanille dazu und kocht diese aus. Ist das nicht der Fall, die Schalen bitte nicht wegwerfen! Geben Sie sie mit etwas Zucker in ein dicht schließendes Gefäß.
So erhalten Sie nach einigen Tagen Lagerung echten Vanillezucker.

Lebkuchenpudding mit Vanillesauce

von Rainer Strobel

FÜR 2 PERSONEN

Für den Lebkuchenpudding
50 g Butter
25 g Marzipan
2 cl Rum
Butter
25 g Schokolade, geraspelt
50 g Mandeln, gemahlen
50 g Lebkuchen, fein gehackt
3 Eigelb
3 Eiweiß
50 g Zucker

Für die Vanillesauce
100 ml Milch
100 ml Sahne
1 Vanilleschote
2 Eigelb
1 Ei
50 g Zucker

ZUBEREITUNG

1 Für den Pudding die Butter schaumig rühren (das dauert mindestens 10 Minuten) und diese dann mit Marzipan und Rum glatt rühren. Den Backofen auf 190 °C vorheizen. 2 kleine Auflaufförmchen ausbuttern.
2 Nach und nach die Schokolade, die gemahlenen Mandeln und die Lebkuchenbrösel mit dem Eigelb unter die Masse geben. Das Eiweiß mit dem Zucker steif schlagen und vorsichtig unter die Masse heben.
3 Die Auflaufmasse bis ca. 2 cm unter den Rand in die gebutterten Förmchen füllen, in ein Wasserbad stellen und im vorgeheizten Backofen ca. 30 Minuten garen lassen.
4 Für die Vanillesauce Milch und Sahne erhitzen, Vanilleschote aufschlitzen, auskratzen und das Mark hinzugeben.
5 In einer Schüssel Eigelb und Ei mit Zucker anschlagen und das heiße Sahne-Milch-Gemisch dazurühren.
6 Den Lebkuchenpudding stürzen und mit der Sauce anrichten.

Mandelsoufflé mit Birnen-Zimt-Salat

von Otto Koch

Für 2 Personen

1 EL flüssige Butter
3 EL Zucker
4 Eiweiß
1-2 cl Mandelsirup
1-2 cl Mandellikör
1 EL gehobelte Mandeln, geröstet
1-2 Williamsbirnen
100 ml Läuterzucker (Wasser und Zucker zu gleichen Teilen gekocht)
1 Spritzer Zitronensaft
1 Msp. Zimt, gemahlen

Zubereitung

1 2 kleine Souffléformen oder hitzebeständige Tassen mit der flüssigen Butter auspinseln und mit 1 EL Zucker bestäuben. Backofen auf 200 °C vorheizen.

2 Das Eiweiß aufschlagen und nach und nach den restlichen Zucker zugeben, bis es steif und glatt ist. Mit Mandelsirup und Mandellikör abschmecken, dabei ständig weiterschlagen. Nicht zu viel und nicht zu wenig Flüssigkeit zugeben, die Eiweißspitzen am Schneebesen sollten immer noch stehen.

3 Die gerösteten Mandeln zügig unterheben, die Masse in die vorbereiteten Formen füllen und im vorgeheizten Ofen ca. 10 Minuten backen.

4 Die Birnen schälen, entkernen und in Scheiben schneiden. Mit dem Läuterzucker vermischen und mit Zitronensaft und Zimt abschmecken. Den Birnensalat in kleinen Glasschüsselchen anrichten und mit den Mandelsoufflés servieren.

Soufflés

Man sieht sie im Ofen aufgehen und wird ganz euphorisch dabei. Aber meist ist das Glück nur von kurzer Dauer, denn merke: Alles, was sehr schnell aufgeht, fällt auch wieder zusammen. Im Grunde sollte das im Soufflé enthaltene Ei und das Eiweiß nur stocken. Deshalb darf das Soufflé anfangs gerne heiß backen, aber nach 10 Minuten muss die Temperatur runter. Schwillt es an und steigt nach oben, dann unbedingt die Ofentür öffnen und das Soufflé nur noch ziehen lassen.

Bayrische Creme

von Vincent Klink

ZUBEREITUNG

1 Vanilleschote der Länge nach halbieren und das Mark auskratzen. Milch und Vanillemark mit der Schote in einem Topf erhitzen. Gelatine in kaltem Wasser einweichen.

2 Eigelb und Zucker cremig rühren, die Vanilleschote aus der Milch herausnehmen und die heiße Milch in die Eigelbmasse einrühren. Alles über dem heißen Wasserbad cremig rühren. Achtung: Das ist wirklich so gemeint, also keine Luft unterschlagen! So lange rühren, bis man die Masse zur Rose abziehen kann (taucht man den Kochlöffel in die cremige Flüssigkeit, so muss sie den Löffel dicht überziehen und darf nicht wie Wasser abtropfen).

3 Gelatine ausdrücken und unter ständigem Rühren in der warmen Creme auflösen, dann alles über einem kalten Wasserbad kalt rühren.

4 Sahne steif schlagen und unter die Creme ziehen, kurz bevor diese geliert. Eine Form ausspülen und die Creme einfüllen. Die Masse für mindestens 2-3 Stunden im Kühlschrank kalt stellen.

FÜR 4 PERSONEN

1 Vanilleschote
500 ml Milch
6 Blatt Gelatine
5 Eigelb
120 g Zucker
400 ml Sahne

Zubereitungsarten

Was man unter Dämpfen oder Dünsten, Flambieren oder Blanchieren versteht, das wissen Sie sicherlich bereits. Doch was verbirgt sich hinter Abschlagen und Abziehen, Blondieren und Bridieren oder Degraissieren?
Voilà: Hier eine kleine Auswahl aus der exklusiven Küchensprache!

À point: Das Gargut auf den Punkt genau garen.

Abbrennen: Teig oder eine andere Masse wird im Topf bei mittlerer Hitze so lange mit einem Holzlöffel gerührt, bis alle überflüssige Feuchtigkeit verdampft ist und sich die Masse leicht vom Löffel und Boden lösen lässt.

Abdämpfen: Gedünstetes Gemüse, Kartoffeln oder auch Reis und Teigwaren werden so lange über der heißen Kochplatte belassen, bis das Kochwasser vollständig verdampft ist. Abdämpfen erleichtert das Schälen bei Pellkartoffeln.

Ablassen: Hierbei wird das Eiweiß vom Eigelb getrennt.

Abschlagen: Entweder meint man damit das Zusammenkneten eines aufgegangenen Hefeteigs, bis alle Luftblasen verschwunden sind, oder aber das Rühren einer eihaltigen Sauce oder Creme im heißen Wasserbad, bis Bindung entsteht.

Abziehen: Bei Zwiebeln, Tomaten oder Mandeln weiß man natürlich, was damit gemeint ist – allerdings heißt auch das vorsichtige Binden einer Sauce oder Suppe mit Stärke so. (**Zur Rose abziehen:** Eine Flüssigkeit wird so lange angedickt, bis sie rosenartige Wellen zieht, wenn draufgepustet wird.)

Arrosieren: Egal, ob Braten oder ein anderes Bratgut: das Übergießen mit dem Garfett.

Attachieren: Fleisch oder Geflügel werden so lange in Brühe oder Fond gekocht, bis sich das Fleisch leicht vom Knochen lösen lässt.

Aufmontieren: Eine Suppe, Sauce oder ein Püree mit einem Schneebesen kräftig durchschlagen, sodass zum einen eine homogene Masse entsteht, zum anderen das Volumen vergrößert wird. Aber auch das Hinzugeben von eiskalter Butter, um eine bessere Bindung zu erreichen, wird Aufmontieren genannt – ebenso wie das **Montieren**.

Aufziehen: Mit dem Schneebesen Sahne oder Butter zwecks Verfeinerung unterrühren.

Bardieren: Das Umwickeln mit dünnen Speckstreifen, zum Beispiel beim Fasan, das vor Austrocknen schützen soll.

Blondieren: Irritierenderweise wird hierbei etwas angebräunt, zum Beispiel eine Zwiebel, um die Röstaromen für das weitere Rezept zu nutzen.

Braisieren: Gargut wird in wenig kräftiger Brühe halb geschmort, halb gebraten.

Bridieren: Geflügel, Fisch oder Fleisch durch Küchengarn oder auch durch Nadeln in die gewünschte Form bringen.

Chemisieren: Die Form einer später zu stürzenden Speise wird dünn mit Gelee oder einer feinen Masse ausgestrichen. Manchmal dient das Chemisieren aber auch als Überzug.

Deglacieren: Bratensatz unter ständigem Rühren mit wenig Flüssigkeit loskochen.

Degraissieren: Degraissieren heißt Entfetten – und das kann das vorsichtige Abschöpfen bei heißen Speisen sein oder es kann das Abheben von erstarrtem Fett bei kalten Saucen oder Suppen gemeint sein.

Dressieren: Entweder versteht man darunter, den Speisen die gewünschte Form zu verpassen oder aber das geschmackvolle Anrichten vor dem Servieren.

Egalisieren: Dies bedeutet, dass verschiedene Gemüsesorten oder Obst von der Form her angepasst, also gleich gemacht, werden. Der Vorgang des Zuschneidens heißt übrigens **Tournieren**.

Ficellieren: Gargut, Kräutersträußchen und alles andere, was vor dem Garen mit Küchengarn zusammengehalten wird.

Frappieren: Speisen oder Getränke, die stark abgekühlt werden.

Glacieren: Das Überglänzen von Speisen durch Fond, Gelee, Fett oder eine andere Glasur, um ihnen ein ansprechendes Äußeres zu verleihen.

Hachieren: Fleisch, Geflügel und bisweilen auch Fisch durch den Wolf drehen.

Legieren: Eine Sauce oder Suppe wird durch Zugabe von Mehl, Eigelb, Butter oder Sahne legiert, d.h. gebunden.

Melangieren: Eine Melange ist eine Mischung; beim Melangieren wird daher vermengt, vermischt und untergezogen oder -gehoben, was die Zutaten hergeben.

Nappieren: Speisen werden mit einer Sauce überzogen, die dickflüssig genug ist, dass sie auf ihrem Platz bleibt und nicht auf den Teller läuft, wie zum Beispiel beim Blumenkohl mit Béchamelsauce.

Parieren: Das Entfernen von allen unerwünschten Häuten, Sehnen oder Fettstückchen. Diese Abfälle heißen dann Parüren und werden oft in Saucen oder Fonds mitgegart, um diesen Geschmack zu geben.

Revenieren: Fleisch oder Geflügel wird hierbei scharf angebraten, damit sich die Poren schließen und der aromatische Saft nicht austritt.

Rissolieren: Das Gargut wird braun und knusprig gebacken, gebraten oder geröstet.

Saucieren: Unmittelbar vor dem Anrichten die Speise mit einer Sauce übergießen.

Sautieren: Das dünn geschnittene Gargut wird in einer flachen Pfanne, einer **Sauteuse**, bei starker Hitze kurz von allen Seiten angebraten. Dabei wird nur so viel Gargut in die Pfanne gegeben, dass alles nebeneinander liegen kann.

Tourieren: Das schichtweise Einarbeiten von Butter in Blätter- oder Hefeteig, sodass dieser beim Backen blattweise aufgeht.

Jacqueline Amirfallah

Orientalische Wurzeln in der Mitte Deutschlands

In verschiedenen Häusern, u.a. dem renommierten Sterne-Restaurant »Im Schiffchen« in Düsseldorf, erweiterte sie nach der Lehre ihr Wissen. Seit 1998 ist Jacqueline Amirfallah Küchenchefin im »Gauß Restaurant am Theater« in Göttingen. Dort lässt die ambitionierte Köchin mit den zwei Pässen ihre Gäste immer mal wieder am Zauber ihrer orientalischen Heimatküche teilhaben.

Vincent Klink

Von der Nouvelle Cuisine zum ethischen Genuss

Vincent Klink eröffnete 1974 in seinem Heimatort Schwäbisch Gmünd das Restaurant »Postillion«. 1991 zog er in das neu gebaute Gourmet-Restaurant »Wielandshöhe« in Stuttgart um. Klink zählte zu den ersten Anhängern der Nouvelle Cuisine, lebt noch in dieser Tradition, hat aber daraus seine regionale und klassische Küche entwickelt. Die Unterstützung von ökologisch arbeitenden regionalen Erzeugern ist eines seiner größten Anliegen.

Unter »Häuptling Eigener Herd« gibt er mit dem Satiriker und Dichter Wiglaf Droste eine Vierteljahresschrift brisant-kulinarischen, aber auch heiteren Inhalts heraus.

Otto Koch

Weltweit auf der Spur des guten Geschmacks

Otto Koch, geboren 1948 in München, eröffnete nach verschiedenen Anstellungen im In- und Ausland 1974 das Restaurant »Le Gourmet« in München.

1976 bekam er dann seinen ersten Stern, auf den zahlreiche weitere Auszeichnungen folgten (18/20 Punkte bei Gault Millau; 19/20 Vif und 4/5 Punkte bei Feinschmecker).

1995 wurde sein Restaurant von der New York Times und der International Herald Tribune wegen seiner kreativen, modernen, regionalen Küche gelobt.

Seit 1996 ist Otto Koch Gourmet-Chef und kulinarischer Berater beim Reiseveranstalter Robinson, der weltweit 25 Clubs besitzt. Somit jettet Otto Koch viel um die Welt, immer auf der Suche nach Verbesserungen in Sachen Genuss und Qualität.

Im Dezember 2004 wurden er und sein Team mit einem Michelin-Stern für das Erlebnisrestaurant »KochART« des ROBINSON Select Alpenrose Hotels in Zürs am Arlberg/Österreich ausgezeichnet.

Rainer Strobel

Thüringen im Herzen, die Hauptstadt zu Füßen

Zu DDR-Zeiten kochte der Thüringer Meisterkoch im Grandhotel Friedrichstraße.

Die Schwerpunkte beim Zubereiten seiner Köstlichkeiten sind Fisch, Geflügel und Wild. Frischeste Zutaten sind ihm dabei besonders wichtig. Seine Freizeit verbringt er mit seinem Lieblingshobby, dem Fischen. Zu finden ist Meisterkoch Rainer Strobel im Restaurant »Alte Meierei« im Hotel Spreebogen in Berlin.